#POLAND_GOAT

#STRIKER

PROLOGUE

Why Robert Lewandowski?

축구는 쉬운 게 가장 어렵다.

화려한 기술은 눈을 사로잡지만, 간결하고 정확한 움직임은 경기 전체를 좌우한다. 군더더기 없는 움직임에 골 결정력을 더하면 경기가 아니라 축구를 움직일 수 있다. 로베르트 레반도프스키는 그런 선수다.

폴란드 작은 마을에서 태어나 폴란드 3부리그에서 시작해 폴란드 2부와 1부 득점왕을 모두 차지한 뒤 분데스리가에서도 보루시아도르트문트와 바이에른뮌헨에서 모두 최고 득점자가 됐다. 유럽축구연맹UEFA 챔피언스리그 최고 골잡이 트로피도 진열대에 있다. 그는 이미 폴란드 대표팀 최다 출전과 최다골 기록을 자체 경신 중이다. 트로피 종류와 개수를 언급하는 게 무의미할 정도로 대단한 경력을 이어가고 있다. 정말 주목할 부분은 따로 있다. 로베르트는 리오넬 메시와 크리스티아누 호날두가 지금까지 약 15년간 축구계를 양분하는 사이에 이 모든 영광을 얻었다. 메시와 호날두가 GOATThe Greatest of all time; 역대 최고 선수를 두고 경쟁할 때도 로베르트는 묵묵히 골대 안으로 공을 차 넣으며 상대를 무너뜨렸다. 팬들의 구분에서 메시와 호날두가 있는 '신계' 바로 밑에서 '인간계 최강'이라 불린 이유도 여기에 있다.

로베르트는 메시나 호날두와는 다르다. 두 선수는 발롱도르를 수상했으나 로베르트는 2020년 코로나19 팬데믹 때문에 기회를 놓쳐서가 아니다. 두 선수는 골은 많이 넣지만 정통 스트라이커는 아니다. 그는 흔히 이야기하는 9번 공격수다. 최전방에서 덩치가 크고 힘이 센 중앙 수비수들과 싸우면서 직접 골을 넣고 동료에게 공간을 만들어주는 선수다. 좋은 윙어와 빼어난 플레이메이커는 많지만, 매 시즌 두 자릿수 골을 넣는 9번 공격수는 귀하다. 흔히 이야기하듯 결정력은 정말 비싸기 때문이다.

게다가 로베르트는 1988년생이다. 한국 나이로 34세지만, 흔히 이야기하는 베테랑이나 노장과는 거리가 멀다. 그는 여전히 성장하고 있다. 더 정확하고 더 효과적인 공격 방법으로 수비진을 파괴하며 골을 터뜨린다. 2020년에는 납득하기 어려운 이유로 발롱도르Ballon d'or가 취소됐으나, 아마 이 책이 나왔을 때는 로베르트가 황금공을 들고 있을 수도 있다. 단순히 흐름으로만 보면, 다시 한 번 수상할 가능성까지 있다.

무엇보다 실력에 비해 한국에서는 제대로 알려지지 않은 로베르트가 걸어온 길과 넘어선 난관을 돌아보는 건 의미가 있다. 정통 스트라이커가 지녀야 하는 덕목을 생각할 수도 있고, 아무도 주목하지 않았던 말라깽이 소년이 무엇으로 전 세계가 갈망하는 스트라이커가 됐는지 곱씹어볼 수도 있다. 부모와 좋은 코치의 역할이 얼마나 중요한지 느낄 수도 있겠다.

"폴란드에서 태어난 아이는 자신이 세계 최고가 되리라고 생각하지 않았다." 로베르트 자신도 여기까지 오리라 예상하진 못했다. 그는 1980년대 후반에 폴란드 작은 마을에서 태어난 아이들과 별반 다르지 않았다. 다만 로베르트는 헌신적으로 자신을 도운 아버지와 어머니가 일러준 한 가지를 마음에 품었고, 지금도 소중히 간직하고 있다.

"로베르트, 네 본능을 믿어!"

Robert Lewandowski

1   2006 즈니치푸르슈쿠프 입단

로베르트 레반도프스키는 레기아바르샤바 B팀과 재계약에 실패한 뒤 더 작은 팀인 즈니치푸르슈쿠프에 입단했다. 어머니는 "무엇이든 해야만 한다"라며 아들을 이끌었다. 그는 2006-07시즌 폴란드 3부리그 득점왕을 차지했고, 2007-08시즌 2부리그 득점왕에 올랐다.

2   2008. 7. 17 레흐포즈난 첫 골

로베르트는 2008-09시즌을 앞두고 폴란드 명문 레흐포즈난 유니폼을 입었다. 그는 2008년 7월17일 UEFA컵 1라운드 카자르란카란(아제르바이잔)과의 경기에서 교체로 출전해 결승골을 터뜨렸다. 로베르트는 레흐포즈난에서 2시즌 동안 뛰면서 32골을 넣었고, 리그와 컵대회 우승 그리고 득점왕을 각각 한 차례씩 차지했다.

3   2008. 9. 10 A매치 데뷔

로베르트는 20세 생일을 지낸 3주 후, 폴란드 대표팀에 선발되어 데뷔전을 했다. 산마리노를 상대로 한 경기에 교체로 들어가 데뷔골을 터뜨렸다.

4   2010. 4. 14 아이슬란드 화산 폭발

세상을 떠들썩하게 했던 천재지변도 로베르트의 행보에 큰 영향을 미친 결정적 순간 중 하나가 되었다. 아이슬란드의 아이야프야플라예르쿠둘 화산이 폭발하며 화산재 구름이 유럽 하늘을 뒤덮었던 2010년 10월, 로베르트는 계약을 논의하던 잉글리시프리미어리그 소속 블랙번으로 날아갈 수 없었다. 여러가지 이유가 있었지만, 하늘도 그가 프리미어리그로 가는 걸 막았다.

5   2013. 4. 24 레알마드리드 상대 4골 기록

레알마드리드는 유럽축구연맹 챔피언스리그 최다 우승팀이다. 로베르트는 2012-13 UEFA 챔피언스리그 4강 1차전에서 그 팀을 상대로 4골을 터뜨리며 4-1 승리를 이끌었다. 주제 무리뉴 감독은 물론이고 전 세계가 로베르트를 주목했다. 하지만, 결승전에서 바이에른뮌헨에 아깝게 패하며 준우승에 머물렀다.

DECISIVE MOMENT

로베르트는 2014-15시즌을 앞두고 바이에른뮌헨과 계약했다. 그는 2013-14시즌 중반인 2014년 1월에 이적과 함께 5년 계약을 했다고 밝혔다. 로베르트 이적은 분데스리가는 물론 유럽 축구계 방향을 바꿔 놓을 큰 사건이었다.

로베르트는 아르메니아를 상대로 해트트릭을 기록하며 폴란드 대표팀 소속으로 50호골을 모았다. 그는 루반스키를 넘어 폴란드 대표팀 역대 최다 득점자가 됐다. 그는 2018러시아월드컵 유럽예선에서 16골을 터뜨리면서 유럽 예선 최다골 기록을 갈아 치웠고, 첫 월드컵 진출권을 따냈다.

로베르트는 거의 모든 트로피를 얻었으나 UEFA 챔피언스리그 트로피 '빅 이어'와는 인연이 없었다. 코로나19로 축구가 잠시 멈췄던 2019-20시즌에야 빅 이어를 손에 넣었다. 파리생제르맹과 대결한 결승전에서 1-0으로 이기며 처음으로 유럽 정상에 섰다.

발롱도르를 주최하는 「프랑스풋볼」은 코로나19 영향으로 2020년에는 수상자를 선정하지 않겠다고 발표했다. 가장 강력한 수상 후보였던 로베르트는 상심할 수밖에 없었다. 하지만, FIFA는 시상식을 취소하지 않았고, 로베르트를 호명했다. 그는 폴란드 선수로는 사상 처음으로 FIFA올해의 선수상을 받았다.

게르트 뮐러는 역사적인 득점 기계다. 그가 1971-72시즌에 세운 40골 기록은 30년이 다 되도록 깨지지 않았다. 로베르트는 2021년 5월 22일 아우크스부르크를 상대로 골을 터뜨리며 리그 41호골에 다다랐고, 전설을 넘어섰다.

TITLES

레흐포즈난
POLAND

프로리그 1회 2009-10
폴란드컵 1회 2008-09
폴란드 슈퍼컵 1회 2009

보루시아도르트문트
GERMANY

분데스리가 2회 2010-11, 2011-12
DFB-포칼 1회 2011-12
DFL-슈퍼컵 2013
UEFA 챔피언스리그 준우승 2012-13

바이에른뮌헨
GERMANY

분데스리가 7회 2014-15, 2015-16, 2016-17, 2017-18,
2018-19, 2019-20, 2020-21
DFB-포칼 3회 2015-16, 2018-19, 2019-20
DFL-슈퍼컵 5회 2016, 2017, 2018, 2020, 2021
UEFA 챔피언스리그 2019-20
UEFA 슈퍼컵 2020
FIFA 클럽월드컵 2020

CONTENTS

Little
Bob

어린 레반도프스키를 주목한 팀은 없었다. 폴란드 내에서도 '시작은 미약하였으나 끝은 창대'할 스트라이커를

알아본 이는 거의 없었다. 레반도프스키는 너무 말라서 다리가 가느다란 막대기 같아 보였기 때문이다

첫 팀 동료들은 그를 Bobek(보벡; Little Bob)이라고 불렀다.

""
로베르트는 항상 스트라이커로 뛰었고, 많은 골을 터뜨렸다.
공이 그를 사랑했다. 공이 항상 로베르트를 따라다녔고,
심지어 코너킥 상황에서도 페널티 박스 안에서
가장 키가 작은 로베르트에게 공이 찾아왔다.
로베르트는 두 살 더 많은 형들과 싸워야 했는데,
그게 그를 더 강하게 만든 것 같다.

마레크 시베츠키 바르소비아 코지

01

아무도 원치 않은
말라깽이 소년

인구가 4천 명 정도인 레슈노(Leszno)는 바르샤바에서 30km 정도 떨어진 작은
도시다. 심지어 이름도 특별하지 않은 곳이다. 폴란드에는 레슈노라는 이름을 가진
도시가 7개나 된다. 하지만, 이 도시는 한 소년이 태어난 뒤로 모든 레슈노 중에서
가장 유명해졌다. 로베르트 레반도프스키를 키워냈다. 레슈노는 2016년 로베르트
에게 명예 시민증을 수여했다. 1988년 이 도시에서, 로베르트는 유도 선수 출신인
아버지 크르쥐스토프와 배구 선수였던 어머니 이보나 사이에서 태어났다.
로베르트는 꽃길을 따라 입장하지 않았다. 아버지 크르쥐스토프는 로베르트가
8살이 되자 수도 바르샤바에 있는 바르소비아(Varsovia)로 데려갔다.
아버지는 축구를 좋아하는 아들을 위해 여러 팀을 돌다 바르소비아에 다다랐다.
바르소비아는 특별한 것이라곤 하나 없는 구단이다. 연습할 축구장이 하나밖에
없어서 모든 연령대 팀이 같이 뛸 때도 있었다. 군대 병영 같은 건물 두 개를
탈의실로 썼고, 샤워도 할 수 없었다. 어린 선수들은 훈련이 끝난 뒤 수도꼭지
하나에서 더러워진 다리를 닦아야 했다. 어린 로베르트도 마찬가지였다.
그런데, 아들이 운동선수로 대성하길 바랐으며 유도 선수였던 크르쥐스토프는
왜 이런 구단을 골랐을까?
"왜냐면 아무도 로베트르를 원하지 않았으니까!"
바르소비아에서 처음으로 로베르트를 지도했던 마레크 시베츠키는 당시 상황을
시원하게 설명했다. 당시 로베르트는 누군가 단번에 매력 혹은 힘을 느낄 수 있는

외모가 아니었다. 그는 테스트를 받으러 가서 공을 차볼 기회도 잡지 못하고 거절당한 적도 많았다. 결과적으로 어린 로베르트와 아버지 크르쥐스토프에 기회도 주지 않았던 이들은 평생 후회에 시달릴 가능성이 크다.
"내 기억에 가장 작고 가장 마른 소년이었다. 두 다리가 마치 가느다란 막대기 같았으니까. 하지만, 나는 공을 가지고 무엇을 할 수 있는지 보여달라고 했고, 이후에 팀에 받아들였다. 내 팀은 로베르트보다 두 살 많은 아이들로 구성돼 있었지만 말이다… 로베르트가 아버지와 함께 바르샤바에 있는 레기아나 폴로니아 같은 큰 구단에 다녀온 걸 알았다. 그들은 로베르트가 너무 작다고 생각했다. 그래도 그라운드에서 테스트 받을 기회조차 주지 않은 걸 이해하기는 어렵다. 운 좋게도, 나는 기회를 줬다."
로베르트는 그라운드 밖에서는 조용한 소년이었다. 그라운드 안에서는 완전히 달랐다. 형들도 로베르트의 실력을 단 번에 알아보고 인정할 수밖에 없었을 정도다. 시베츠키는 "로베르트는 그라운드에 들어가 경쟁을 시작했고, 절대로 불평하지 않았다. 매우 좋은, 확실히 다른 기량을 보여주면 나이가 많은 소년들도 빠르게

인정하기 마련이다. 보벡도 그랬다"라고 설명했다.
로베르트는 어린 시절과 거의 모든 게 달라졌다. 가장 좋은 예로, 그는 이제 세계에서 가장 강력한 신체를 지닌 스트라이커다. 예나 지금이나 변하지 않는 것도 있다. 로베르트는 강력한 근육 없이도 수많은 골을 터뜨렸다. 예나 지금이나 공은 로베르트를 따라다녔고, 그는 침착하게 골대 구석을 노렸다.
"로베르트는 항상 스트라이커로 뛰었고, 공이 그를 사랑했다. 많은 골을 터뜨렸다. 공이 항상 로베르트를 따라다녔고, 심지어 코너킥 상황에서도 페널티 박스 안에서 가장 키가 작은 로베르트에게 공이 찾아왔다. 로베르트는 두 살 더 많은 형들과 싸워야 했고, 그게 그를 더 강하게 만든 것 같다."

아버지의 갑작스러운 죽음, 하부리그로 뛰어들다

로베르트는 그라운드에 들어선 이후로 계속 자신을 증명했으나 다른 길로 방향을 옮길 수도 있었다. 크르쥐스토프는 크로스컨트리 달리기에 능한 로베르트의

솔직히 로베르트가 이렇게 위대한 선수가 되리라고 생각하진 못했다.
하지만 로베르트는 한 가지 확실히 다른 점이 있었다.
하부 리그에서 뛰는 어린 선수는 종종 자신들이 코치보다 더 우월하다고 생각한다.
그러나 로베르트는 차분하고 겸손했다.
항상 라커룸 구석에 앉아서 코치가 하는 말을 주의 깊게 들었고,
지시사항을 그라운드 위에서 이행했다.

즈비니에브 코바우스키 즈니치푸르슈쿠프 팀 동료

진로를 두고 깊게 고민했다. 코치인 시베츠키와 진지하고도
격렬한 대화를 길게 나눈 뒤에야 축구에 집중하기로 했다.
시베츠키가 아니었다면, 우리는 로베르트가 그라운드가 아닌
산등성이에서 뛰는 걸 봤을 수도 있다.
로베르트가 16세였던 2005년, 운동선수로 성장하던
로베르트에게 예상치 못한 일이 닥쳤다.
아버지 크르쥐스토프가 갑자기 세상을 떠난 것이다.
이 사건으로 로베르트의 유년기는 끝났다. 그는 축구를 향해
더 내달렸다. 대중교통을 이용해 편도 2시간 반 정도를
홀로 이동하면서도 훈련을 이어갔다.
로베르트는 아버지가 세상을 떠난 이후에 7년간 함께했던
바르소비아를 떠나 4부리그 소속 델타바르샤바(2005)에
입단했고, 뒤이어 레기아바르샤바 B팀(2005~2006)으로
옮겼다. 레기아바르샤바는 무릎에 큰 부상을 입은
로베르트를 내보냈다. 로베르트를 영입한 예르지
크라스카는 구단이 크게 실수했다는 걸 바로 깨달았다.
"지금도 나는 레반도프스키를 내 팀으로 데려왔다는 데
자부심을 느낀다. 그들이 나를 경질했을 때, 로베르트의
재계약에 관해 묻지 않았다. 구단 고위층이 그런 결정을
내린 것으로 안다. 나는 로베르트가 레기아 1군에서 뛰는
꿈을 가졌다는 걸 알고 있었다. 솔직하게 말하면,
로베르트가 이렇게 위대한 선수가 되리라고 생각하지는
못했다. 하지만, 그는 우리 팀에서 좋은 선수 축에 속했고,
공을 잘 찾아다녔다. 게다가 머리와 오른발 그리고
왼발로 모두 골을 터뜨릴 수 있었다."
아버지가 세상을 떠난 충격이 채 가시기도 전에 팀에서
방출 당한 로베르트는 크게 상심했다. 로베르트는 다시
바르소비아로 돌아가 후일을 도모해야만 했다.

상처 받은 그를 다시 일으켜 세운 것은 어머니였다.
어머니는 강하게 로베르트를 이끌었다.
"좋아. 우리는 움직여야만 해. 과거를 생각할 필요는 없어.
무언가 해야만 해."
로베르트의 어머니는 바르소비아 코치였던
마레크 크리지비츠키와 의논해 3부 리그에 있던
즈니치푸르슈쿠프에 입단을 타진했다.
실비우스 무차-오르린스키 즈니치푸르슈쿠프 회장은
레반도프스키를 이미 주시하고 있었고,
부상에도 불구하고 결단을 내렸다. 로베르트도 자신을
홀로 부양하며 경제적인 어려움을 겪었던 어머니를 위해
돈을 벌겠다고 의지를 다졌다.
"즈니치푸르슈쿠프는 레기아바르샤바 B팀과 같은 3부였으나
훨씬 더 작은 구단이다. 그들은 실제로 입단한 시점으로부터
몇 달 전에도 나를 데려가려 했다. 당시만 해도 난 '안돼.
내가 왜 레기아를 떠나 즈니치푸르슈쿠프로 가야 해'라고
생각했다. 하지만, (다친 후에는) 그들이 나를 아직도
원한다는 사실이 기뻤다."
로베르트는 입단 이후 두 달 동안 뛰지 못했다.
"로베르트가 마침내 선발로 뛸 수 있었을 때, 모든 경기를
소화했다. 그리고 계속 골을 터뜨렸다." 로베르트는
15골을 터뜨리면서 득점왕을 차지했고, 팀을 승격시켰고,
폴란드 연령별 대표팀에 선발됐다. 그 다음 시즌에는
2부리그에서 21골을 넣으며 다시 득점왕에 올랐다.
아무도 찾지 않았던 마르고 작은 아이는 2년만에 폴란드
하부리그를 평정하고 폴란드 내에서도 인정 받았다.

02

폴란드 전체가
갈망하던 스트라이커

탄력이 붙은 로베르트는 매 순간 더 앞으로 나아갔다. 즈니치푸르슈쿠프 유니폼을
입고 2007-08시즌을 치르는 동안 수많은 에이전트가 그를 보러 왔고, 계약하길
바랐다. 10대 소년이 2시즌 연속 득점왕을 차지하는 건 어느 리그에서든 쉬운
일이 아니다. 결국 2008년, 전 폴란드 국가대표팀 공격수였던 에이전트 체자리
쿠차르스키가 로베르트와 사인했다. 쿠차르스키는 2018년 1월까지 로베르트의
대리인으로 일했다.

쿠차르스키는 로베르트가 2008-09시즌부터 뛸 팀을 찾았다. 이 과정에서 무차-
오를린스키 즈이치푸르슈쿠프 회장이 큰 역할을 했다. 무차-오를린스키 회장은
로베르트가 가장 원하는 팀을 직접 고르길 바랐다. 쿠차르스키는 "즈니치 회장은
로베르트의 이적 과정에서 매우 중요한 사람이었다. 그는 돈만 생각한 게 아니라
젊은 선수가 경력을 쌓는 걸 도왔다"라고 설명했다.

로베르트와 쿠차르스키가 선택한 팀은 레흐포즈난이었다. 쿠차르스키는 이유를
자세히 설명했다. "우리는 모든 구단이 내민 제안이 지닌 장점과 단점을 신중하게
살폈다. 폴란드 내에 있는 거의 모든 구단이 로베르트를 영입하려 했기 때문이다.
돈이 가장 중요한 가치는 아니었다. 레흐포즈난이 클럽으로서 성장하는 걸 봤고,
팀에 소속된 몇몇 공격수가 로베르트와 비슷한 유형이었다. 그래서 로베르트가
성장하기 가장 좋은 곳이라고 생각했다."

무차-오를린스키 즈니치 회장은 이렇게 회고했다.

지금에야 로베르트는 항상 이루려는 목표를 지녔다는 걸 깨닫는다. 목표를 하나 달성하면, 바로 다음 목표를 꺼냈다. 그런 부분이 로베르트를 위대한 선수로 만든 것 같다.

즈비그니에프 코발스키 어린 시절 팀 동료

"우리는 로베르트를 자유 영입으로 품었기에 신사협정(gentlemen's agreement, 상호간의 신뢰를 바탕으로 법적 구속력을 갖지 않는 협정)을 맺었다. 로베르트는 자신이 이적할 팀을 고를 수 있었다.

레흐포즈난을 선택했는데 돈 때문이 아니라 자신을 가장 필요로 했기 때문이다. 사실 우리에겐 다른 제안이 너 좋았나. 야기엘로니아비아위스포크 혹은 크라코비아크라코프 같은 팀들이 내민 조건이 좋았지만, 우리는 로베르트가 내린 결정을 존중했다.

포즈난은 우리에게 이적료로 30만 유로 정도를 지급했는데 이는 즈니치 이적 역사상 최고액이었다."

로베르트가 원래 꿈꾸던 팀이자 2년 전에 부상 당한 그를 내보냈던 레기아바르샤바는 실패를 맛봤다. 레기아바르샤바는 더 좋은 조건을 제시했으나 로베르트의 에이전트가 무리한 요구를 했다고 주장했다.

당시 레기아바르샤바 이적 담당자였던 미로슬라브 즈르제키아크는 "레흐포즈난보다 훨씬 더 좋은 조건을 제시할 수 있었다"라며 "문제는 그의 에이전트가 다음 이적에서 발생할 수익 중 일부를 요구했고, 우리는 그런 조건을 수락할 수 없었다"라고 말했다.

로베르트는 뜨거운 이적 협상 가운데서도 기량을 유지했다. 그는 2007-08시즌 폴란드 2부리그에서 21골을 터뜨리면서 득점왕을 차지했다. 만 19세의 로베르트는 강인한 신체를 자랑하는 선수는 아니었으나 나름의 강력함을 구축하고 있었다. 폴란드 19세 이하 대표팀에서 함께 뛰었던 카롤 코스트루바야는 그를 이렇게 묘사했다.

"당시 레반도프스키는 현재 바이에른뮌헨에서처럼 근육질의 검투사 같은 모습은 전혀 아니었다. 그래도 이미 강단이 있고 충분히 강했다."

2008년 하반기는 로베르트에게 큰 의미가 있다. 그해 여름에 레흐포즈난 유니폼을 입으며 1부 리그에 데뷔했고, 같은 해 9월에는 처음으로 폴란드 대표팀 유니폼을 입었다. 네덜란드 출신 명장 레오 벤하커 감독은 젊은 로베르트를 수복했다. 벤하커 감독은 로베르트와 만나자마자 의미심장한 말을 했다. "넌 위대한 선수가 될 거야. 네 시대가 온다. 그러니 참을성 있게 기다려라."

로베르트는 산마리노와 한 2010 남아공 월드컵 유럽 예선에서 교체로 출전해 골을 터뜨렸다. 데뷔전 데뷔골. 로베르트가 만들 미래를 예고한 장면이라고 볼 수 있다. 당시 로베르트는 만 20세를 갓 넘긴 나이였다.

레흐포즈난에서도 로베르트는 절대 멈추지 않았다. 오히려 더 가속을 붙였다. 첫 시즌에 리그 14골을 넣었고, 2009-10시즌에는 18골을 터뜨리면서 팀을 리그 우승으로 이끌었다. 로베르트가 레흐포즈난에서 뛴 2년 동안, 수많은 에이전트와 유럽 명문팀 스카우트 그리고 감독이 레흐포즈난 경기장을 찾았다. 그 중에는 보루시아도르트문트 감독이던 위르겐 클롭도 있었다.

2009-10시즌 동안 레흐포즈난 감독이었던 프란키셰크 스무다는 당시 거의 모든 경기에 보루시아도르트문트 스카우트가 찾아왔고, 클롭도 몇 차례 직접 경기장을 찾아왔다는 사실을 인정했다. 로베르트는 그렇게 인생의 새로운 장을 스스로 열고 있었다.

03

Wanted
: The Best Striker of Poland

결정력은 비싸다. 축구는 골을 넣어야 이기는 경기이기 때문이다.
그래서 시대나 축구 전술 흐름에 상관없이 한 시즌에 10골 이상 터뜨릴 수 있는
스트라이커는 귀하다. 그 공격수가 매년 더 나은 모습을 보이며 성장하고 있다면,
전 세계 팀이 주목할 수밖에 없다. 2006–07시즌 폴란드 3부리그 득점왕,
2007–08시즌 폴란드 2부리그 득점왕, 2009–10시즌 폴란드 1부리그 득점왕.
스물을 갓 넘긴 로베르트는 그 조건에 완벽하게 부합하는 9번 공격수였다.
가장 먼저 로베르트에 근접한 팀은 잉글리시프리미어리그 소속
블랙번로버스였다. 당시 지휘봉을 잡았던 샘 앨러다이스 감독은 로베르트를
2010–11시즌을 앞두고 영입하려 했다. 그는 "당시에 유럽의 많은 팀이
레반도프스키를 주시했지만, 프리미어리그가 지닌 매력 때문에 우리가
다른 이들보다 우위에 있었다"라고 설명했다.
하지만, 블랙번은 로베르트를 품지 못했다. 천재지변과 재정난이 문제였다.
2010년 4월, 아이슬란드 화산 폭발로 인한 화산재 구름 때문에 유럽 내
항공기 운항이 어려워졌다. 로베르트는 잉글랜드로 날아올 수 없었다.
게다가 블랙번은 재정난을 겪으면서 레흐포즈난이 바라던 이적료
350만 파운드를 두고 고민에 빠졌다.
2013년 4월, 영국 공영방송 BBC는 앨러다이스를 만나 로베르트를 놓친 이후
느꼈던 감정을 물었다. 당시는 로베르트가 2012–13시즌 유럽축구연맹(UEFA)

챔피언스리그 준결승 1차전에서 레알마드리드에 4골을 퍼부은 직후였다. BBC는 모두를 놀라게 한 로베르트를 다각도로 살펴보다가 당시 가장 안타까움이 클 만한 인물을 찾은 것이다. 앨러다이스는 BBC가 바라는 답을 내놓았다. 그는 "레반도프스키가 경기하는 모습을 볼 때마다 당시 영입에 실패했던 게 떠오른다"라며 진한 아쉬움을 표했다.

"내 기억력이 그렇게 좋지는 않지만, 존 윌리엄스(당시 블랙번 회장)와 이사회가 레반도프스키 영입을 위해 그 금액을 투자하지는 않겠다고 말했던 것 같다."

결국 블랙번은 로베르트를 놓치고 크로아티아 출신 스트라이커 니콜라 칼리니치를 600만 파운드에 영입했고, 앨러다이스는 2010년 12월에 경질됐다.

이탈리아에는 블랙번보다 더 큰 후회를 지닌 팀이 있다.

바로 제노아다. 2010년 제노아 단장이었던 스테파노 카포추카는 2020년 인터뷰에서 과거 로베르트를 영입하기 직전까지 갔다고 털어놨다. 그는 레흐포즈난과 로베르트 영입에 관해 합의했고 메디컬 테스트를 앞두고 있던 상황에서 일이 틀어졌다고 설명했다.

"잔 피에로 가스페리니 감독은 레반도프스키를 잘 알았다. 메디컬 테스트만을 남겨두고 있을 때, 엔리코 프레초시 회장이 계약을 엎었다."

큰 금액을 선뜻 내민 구단도 있었다. 터키 명문팀인 페네르바체가 그 주인공이다. 페네르바체는 로베르트가 지닌 기량을 높이 평가하고 가장 높은 금액을 제시했다. 그러나 이 제안은 로베르트가 직접 거절했다. 로베르트는 동쪽이 아니라 서쪽으로 갈 바랐다. 더 많은 돈보다는 더 큰 무대와 도전을 갈망했다.

독일 분데스리가 소속 보루시아도르트문트도 꾸준히 로베르트를 관찰했다. 레흐포즈난이 2009-10시즌 치른 모든 경기에 도르트문트 스카우트가 자리했고, 위르겐 클롭 감독도 직접 경기장을 찾을 정도로 공을 들였다. 도르트문트는 앞선 세 구단이 차례로 로베르트를 잡는 데 실패한 뒤, 결국 그를 품었다.

— 폴란드 리그 에크스트라클라사 소개 —

EKSTRAKLASA

1926년 12월 4일부터 시작된 폴란드 최상위 축구리그다. 현재는 18개팀이 경쟁하고 있다.
최하위 2팀은 2부리그인 'I liga'로 강등된다. 2020-21시즌을 기준으로 우승팀은
유럽축구연맹 챔피언스리그 1차 예선으로 가고, 2위와 3위는 유로파 컨퍼런스리그
2차 예선으로 향한다. 4위는 유로파컨퍼런스리그 1차 예선에 참가한다.

15
TITLE

559
GAME

186
GOAL

최다 우승팀 레기아바르샤바   **최다 출전** 우카시 수르마   **최다 골** 에르네스트 포홀

Legia Warszawa
레가아바르샤바

창단 1916년
연고지 바르샤바
우승 15회

폴란드 리그보다 역사가 긴 팀이고, 폴란드 역사와 함께한 팀이다. 제1차 세계 대전 중이던 1916에 군인들이 만든 클럽이다. 이후에는 공식적으로 폴란드 육군과도 함께했다. 폴란드 축구와 수도 바르샤바의 자부심이다. 한국 기업 대우가 1997년 팀을 인수해 2001년 3월까지 운영하기도 했다.

Wisla Krakow
비스와크라쿠프

창단 1906년
연고지 크라쿠프
우승 14회

유서 깊은 도시 크라쿠프를 연고로 한 역사가 긴 명문 구단이다. 별명은 '하얀 별'이다. 크라쿠프는 2000년대 폴란드 리그를 평정했다. 2000-01시즌 우승을 시작으로 2000년대에만 총 6회 리그 우승을 차지했다. 최대 라이벌은 레기아바르샤바로 '폴란드 더비'라는 별칭이 있다. 같은 연고지를 쓰는 KS크라코비아와 더비는 '성전'으로 불린다.

Gornik Zabrze
구르니크자브제

창단 1948년
연고지 자브제
우승 14회

역대 우승 공동 2위를 달리는 전통 명가다. 1950년대 후반~1970년대 초반, 1980년대 중반에 폴란드를 주름 잡았다. 부침이 커서 최근에는 강호로 인식되지는 않는다. 리그와 컵을 나란히 5연패한 기록을 보유하고 있으며 1969-70 컵위너스컵에서 준우승을 차지했다.

Lech Poznan
레흐포즈난

창단 1922년
연고지 포즈난
우승 4회

로베르트 레반도프스키가 뛴 팀이다. 폴란드 건국신화에서 폴란드의 아버지로 나오는 레흐의 이름을 따라 구단 이름을 지었다. 상당 기간 동안 폴란드 국영 철도와 긴밀한 관계에 있기도 했다. 1980년대부터 우승을 차지하기 시작했고, 레반도프스키는 2009-10시즌 우승을 함께했다. 마지막 우승은 2014-15시즌이다.

His 'crazy' Parents

로마 카톨릭은 전통과 의식을 매우 중요하게 여기는 종교다. 특히 어린이가 처음으로 하는 영성체(신부로부터 빵과 포도주를 받아 예수를 기리는 의식)는 매우 중요한 행사라고 할 수 있다. 로마 카톨릭 영향을 많이 받은 나라나 지역에서는 온 가족이 참석해 이를 기념하기도 한다.

만약, 카톨릭 전통이 강한 지역에 사는 한 부모가 자신의 아이가 첫 영성체를 받는 날 신부를 찾아가 영성체 시간을 예정보다 30분 정도 당겨 달라고 하거나 10분 정도라도 줄여 달라고 말할 수 있을까? 그런 일이 있을 가능성은 매우 희박할 수밖에 없고, 만에 하나 그런 부모가 있다면 제정신이 아니라고 손가락질을 받을 가능성이 크다.

보통은 그렇지만, 항상 예외도 있다. 1990년대 초반, 폴란드에서 정확히 이런 일을 겪은 어린이가 있었으니, 그의 이름은 로베르트 레반도프스키다. 아버지는 무신론자거나 이상한 사람이 아니었다. 축구를 사랑하는 아들이 성당에서 3시간 떨어진 곳에서 벌어지는 경기에 늦지 않기를 바랐을 뿐이다. 모든 주민이 서로를 알 정도로 작은 마을이었기에 신부도 그 아이가 지닌 열정을 잘 알았다.

"에, 물론이죠. 왜 안되겠어요? 우리는 로베르트가 축구를 얼마나 사랑하는지 알아요. 빨리 끝냅시다."

아버지와 아들은 영성체가 끝나자마자 바깥으로 달려가 차를 타고 경기장으로 향했다. 로베르트는 그 경기에서 승리했다.

동네에서 소문난 '미친' 부모

아버지는 유도선수였고, 어머니는 배구선수였다. 두 사람 모두 체육 선생님이기도 했다. 아들이 운동을 좋아하고 재능도 있다고 생각했기에 적극적으로 지원했다. 아버지는 바르샤바에 있는 유소년 팀에 입단한 아들을 데리고 거의 매일 1시간 떨어진 훈련장으로 내달렸다. 1시간 달려서 훈련장에 도착하면 2시간 훈련이 이어졌고, 다시 1시간 동안 차를 몰아 집으로 돌아왔다. 왕복 4시간의 긴 여정이다.

1990년대 폴란드에서나, 2021년 한국에서도 이런 일은 드물다. 이 유별난 아버지와 아들은 동네에서도 늘 화제였다. 로베르트는 어린 시절을 떠올리며 말했다. "실제로 다른 부모들이 우리 부모님께 이렇게 말하는 걸 들은적 있다. '도대체 왜 그러는 거예요?'"

로베르트의 부모는 아들이 프로 선수가 되어 돈을 많이 벌길 바란다고 대답하지 않았다.

"로베르트는 꿈이 있고, 축구를 너무 사랑하기 때문이야."

동네사람 모두가 그와 같은 행동에 큰 물음표를 그렸지만, 로베르트는 부모가 왜 그렇게 큰 희생을 하면서까지 자신을 지원했는지 너무나 잘 알았다. 그는 아버지 차를 타고 훈련하러가서 진흙을 잔뜩 묻히고 돌아오는 일상을 이어가면서 행복하게 성장했다.

"로베르트, 네 본능을 믿어!"

문제가 없었던 건 아니다. 로베르트는 또래들보다도 작고 말랐다. 두 살 많은 형들과 같은 팀에서 뛰면 이런 차이가 더 두드러져 보일 수밖에 없다. 주위 사람은 물론이고 테스트를 보러 간 클럽 지도자들도 '저 아이는 너무 말라서 축구하기 어렵다'라고 말했다. 로베르트는 팀을 찾기 전까지 테스트 기회조차 받지 못한 적도 많았다. 오직 부모만이 로베르트를 전적으로 신뢰하고 지지했다. "부모님은 항상 다른 사람이 무슨 말을 하든 내가 스스로 생각할 수 있도록 격려했다."

2021년 한국의 운동장에서 선수반과 취미반을 단번에 구분하는 방법이 있다. 선수반 부모들은 경기장 밖에서 끊임없이 소리를 지른다. 격려는 물론이고 구체적인 지시까지 내리는 게 일반적이다. 로베르트의 부모는 둘 다 전문적으로 운동을 했다. 운동을 이해하는 부모는 운동을 하는 자녀에게 더 많은 지시와 주문을 할 것이라는 예상이 일반적일 수 있다. 하지만, 로베르트는 부모로부터 그런 비슷한 이야기도 듣지 못했다. 그들은 지시가 아닌 한 가지 이야기만을 했고, 로베르트는 나중에야 그 진정한 의미를 깨달았다.

"로베르트, 네 본능을 믿어!"

갈라진 폴란드를
하나로 엮은 공

"우카시 저 녀석은 정말 XX야!!"

유로 2008 조별리그 B조 첫 번째 경기가 열린 날 직접 들은 욕설이다.
물론 한국어는 아니었다. 친한 지인이 화가 난 나머지 영어도 아닌 자신의 모국어인
폴란드어로 한 선수에게 격한 감정을 쏟아냈다. 이런 일은 이날 두 차례나 이어졌다.
독일이 폴란드를 만나 2-0으로 이겼다. 골을 넣은 선수는 루카스 포돌스키가
유일했다. 포돌스키는 두 골을 터뜨렸다.

포돌스키가 욕설을 들은 이유

그 폴란드 사람은 조국이 지는 걸 용납하지 못했고, 포돌스키가 골을 넣은 걸
더 용서할 수 없었다. 왜냐하면 포돌스키는 폴란드에서 태어나 어렸을 때 독일로
이민을 갔다. 루카스를 폴란드 이름으로 바꾸면 우카시. 원래 폴란드 대표팀에서
뛰고 싶었으나 발탁되지 못했던 포돌스키가 그 욕설을 들었다면 '개인적으로는'
서운할 수도 있다.
'역사적으로는' 그런 서운함을 이해할 수 있을 것이다. 폴란드는 독일을 용서하기
어렵다. 1939년 9월 1일, 나치 독일이 신생 독립국 폴란드(1918년 독립)를
침공하면서 제2차 세계 대전이 시작됐다. 이후에는 소련이 폴란드 영토 안으로

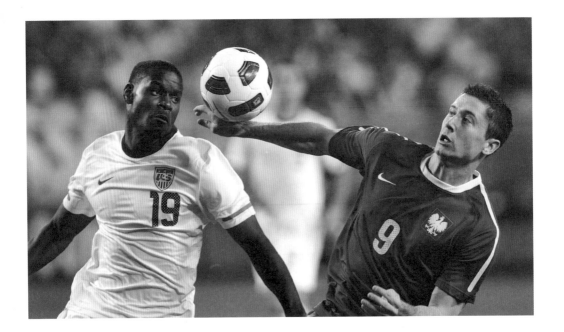

밀고 들어왔다. 폴란드는 독–소 불가침 조약에 의해
둘로 갈라져 독일과 소련의 지배를 받게 된다. 폴란드는
망명정부를 중심으로 격렬하게 이들과 싸웠으나
세계대전 동안 인구 600만 명 중에 100만 명 정도를
잃었다. 비율로 보면 전 세계에서 가장 큰 손실이었다.
무엇보다 독일은 폴란드를 극단으로 강하게 통치했다.
폴란드를 레벤스라움(Lebensraum, 생존공간)으로 생각했던
독일은 폴란드의 민족성을 말살하려고 했다. 아우슈비츠로
대표되는 폴란드 내 강제수용소가 많았던 이유도 여기 있다.
강제수용소는 유대인 학살로 유명하지만, 여기서 수많은
폴란드인도 비인간적인 대우를 받다가 목숨을 빼앗겼다.
물론 소련도 비인간적인 학살을 자행했다. 1940년,
소련은 카틴 숲에서 폴란드 지도층 2만 명 이상을 학살했다.
소련은 이 사건을 1990년이 돼서야 인정했다.
1970년 12월 7일, 폴란드 수도 바르샤바를 방문한
빌리 브란트 서독 총리는 바르샤바 게토 봉기 희생자를
추모하는 기념비 앞에 무릎을 꿇었다. 나치 독일이 저지른
학살과 만행을 사죄하는 의미였다. 이는 세계사에 남을
사죄 장면이었으나, 폴란드가 독일에 지닌 반감을 모두
녹일 수는 없었다. 아직도 제대로 된 사과를 하지 않은
소련(러시아)과 비교되긴 하지만 말이다.

분열된 나라를 묶은 공

19세기 이후 폴란드 역사를 가장 잘 함축한 단어는
분열이다. 한때 유럽을 호령하던 강국이었던 폴란드는
1795년 프로이센, 러시아, 합스부르크 제국에 3등분되어
흡수당했다. 1918년 독립했으나 제2차 세계 대전에는
독일과 소련에 의해 분할됐고, 전쟁이 끝난 이후에도
영토선이 크게 달라졌다. 강대국들이 이해득실을 따지는
냉전 시대의 논리가 적용됐다. 이로 인해 민족 구성도
크게 바뀌었다.
일제 강점기와 한국 전쟁을 겪은 뒤 국경선이 바뀌고
냉전 시대를 겪은 한국을 생각해보라. 그 시절 폴란드도
독립은 얻었으나 혼란을 겪었다. 폴란드에 들어선 인민공화
국은 소련의 영향을 크게 받았다. 1980년대 경제 악화로
인한 극심한 불안정으로 공산당이 지닌 위상이 흔들렸다.
결국 1990년 대선에서 레흐 바웬사가 대통령에 당선되면서
폴란드는 공산권과 멀어지게 됐다.
폴란드는 현재 명목 국내총생산(GDP) 세계 22위일 정도로
크게 성장했다. 제2차 세계 대전이 끝난 이후에도
폴란드는 격변했으나 축구만은 한 방향이었다.
분열에서 연대로 향했다.
라이언 허바드가 폴란드 축구 100년사를 정리하며 쓴 책
제목이 『분할에서 연대로(From partition to solidarity)』인

이유도 여기 있다. 폴란드 축구는 조각난 나라를 하나로
만드는 힘이 있었다.

초기 폴란드 축구는 슬픔과 동의어였다. 1939년, 폴란드를
점령한 독일은 폴란드축구협회(PZPN)를 해산시킨다.
전 국가대표 선수 아홉 명은 나치에게 살해당한다.
이 중 세 명은 아우슈비츠에서 생을 마감했고,
스테판 프리츠와 브로니슬와프 마코프스키는 레지스탕스
활동을 하다 공개 처형당하고 만다. 유대인 출신 네 선수는
유대인 게토에서 죽음을 맞이한다.

전쟁이 끝난 후에는 나라도 축구도 조금씩 회복하기
시작한다. 폴란드 축구는 전쟁이 끝난 후 30년이
지난 다음에야 전성기를 맞았다. 1970년대 초반, 공격수
브워지미에시 루반스키(75경기 48골, 역대 득점순위 2위)와
감독 카지미에시 고르스키가 함께 뛰면서 폴란드 축구
역사가 바뀌기 시작했다. 1972 뮌헨 올림픽에서 금메달을
땄고, 1974 서독 월드컵에서 3위를 차지한다.

자신들을 지배했던 독일의 서쪽 편에서 스웨덴,
유고슬라비아, 브라질(3-4위전)을 연달아 꺾었다.
그제고시 라토(100경기 45골, 역대 득점순위 3위)는 7골로
득점왕을 차지했고, 수비수 브워디슬라프 즈무다는
영플레이어상을 받았다.

폴란드는 1976 몬트리올 올림픽에서 3위, 1978 아르헨티나
월드컵 5위, 1982 스페인 월드컵 3위를 차지하며 전성기를
구가했다. 당시 폴란드는 경제적으로나 정치적으로나
어려움을 겪었으나 축구만은 달랐다.
축구는 그렇게 새로 태어난 폴란드를 하나로 묶었다.

전 유럽이 갈망하는 스트라이커를 품다

폴란드는 1970년대 초반에서 1980년 초반까지 10년이
넘는 황금기를 보낸 뒤 내리막길을 걸었다. 1990, 1994,
1998 월드컵 본선에 나서지 못했다.

2002, 2006 월드컵에서는 조별리그에서 탈락했고,
이어진 2010, 2014 월드컵에서는 예선에서 넘어졌다.
민주화를 이룩하고 시장 경제로 돌아선 이후에
오히려 축구는 예전 영광과 더 멀어졌다.
1988년, 이런 상황을 뒤집을 아이가 바르샤바에서
조금 떨어진 작은 마을 레슈노에서 태어났다.

로베르트 레반도프스키는 루반스키와 라토 그리고
즈무다가 1970~80년대에 이룩했던 업적을 하나하나
뛰어 넘기 시작했고, 결국 모조리 추월했다.
그리고 폴란드를 넘어 전 유럽에서 가장 높이 섰다.
2020년에는 국제축구연맹(FIFA) 올해의 선수상을 수상했고,
2021년에는 유럽 골든슈를 신었다.

폴란드를 떠나 유럽 도처에서 일하던 폴란드인들에게
로베르트는 폴란드 그 자체였다. 말도 잘 통하지 않는 곳에
서 일하던 이들에게 로베르트는 큰 힘이 됐다.
시대는 다르지만, 과거 서독 분데스리가에서 뛰던
한국의 차범근이 파독 광부와 간호사에게 힘을 줬던 것과
같은 맥락이라고 할 수 있다. 폴란드는 이제 아픈 역사를

상당부분 털어내고 유럽에서도 손꼽히는 경제 대국으로
성장했다. 발전 속도도 여전히 빠르다.
선배들이 전쟁의 상흔을 씻어줬다면, 로베르트는
도약하는 폴란드를 상징한다. 폴란드는 전진하고,
축구공은 여전히 구른다.

역대 A매치 최다 출전 TOP 5

127 경기 **72** 골 ⟶ 로베르트 레반도프스키
2008~현재

108 **21** ⟶ 야쿠프 부와슈치코프스키
2006~2019

102 **3** ⟶ 미하우 제브와코프
1999~2011

100 **45** ⟶ 그제고시 라토
1971~1984

97 **41** ⟶ 카지미에시 데이나
1968~1978

역대 A매치 최다 득점 TOP 5

72 골 **127** 경기 **0.57** 골(경기당) ⟶ 로베르트 레반도프스키
2008~현재

48 **75** **0.64** ⟶ 브워지미에시 루반스키
1963~1980

45 **100** **0.57** ⟶ 그제고시 라토
1971~1984

41 **97** **0.45** ⟶ 카지미에시 데이나
1968~1978

39 **46** **0.85** ⟶ 에르네스트 폴
1955~1965

FIFA 월드컵 본선 기록

8 회 진출
1938, 1974, 1978, 1982, 1986, 2002, 2006, 2018

3 위(최고성적)
1974, 1982

34 전 **16** 승 **5** 무 **13** 패 **46** 득점 **45** 실점
1938, 1974, 1978, 1982, 1986, 2002, 2006, 2018

UEFA 유로 본선 기록

4 회 진출
2008, 2012, 2016, 2020

8 강(최고성적)
2016

14 전 **2** 승 **7** 무 **5** 패 **11** 득점 **15** 실점
2008, 2012, 2016, 2020

In
Dortmund

축구를 시작한 뒤 20대 초반까지 로베르트의 축구 인생을 그래프로 그리면 계속해서 우상향하는 그림이다.

아무도 원하지 않았던 말라깽이 소년은 폴란드 하부리그부터 최상위리그까지 모두를 순차적으로 평정한 뒤,

2010–11시즌을 앞두고 분데스리가 보루시아도르트문트 유니폼을 입었다.

당시 시점으로 보면 이는 로베르트 인생 그래프의 최정점이다.

"

우리는 도르트문트와 레반도프스키의 모든 걸 알고 있었지만,
그것만으로는 충분하지 않았다.
그에게 4골을 내주며 패했다.
받아들이기 어렵지만, 패할 때는 다 이유가 있다.

주제 무리뉴 前 레알마드리드 감독

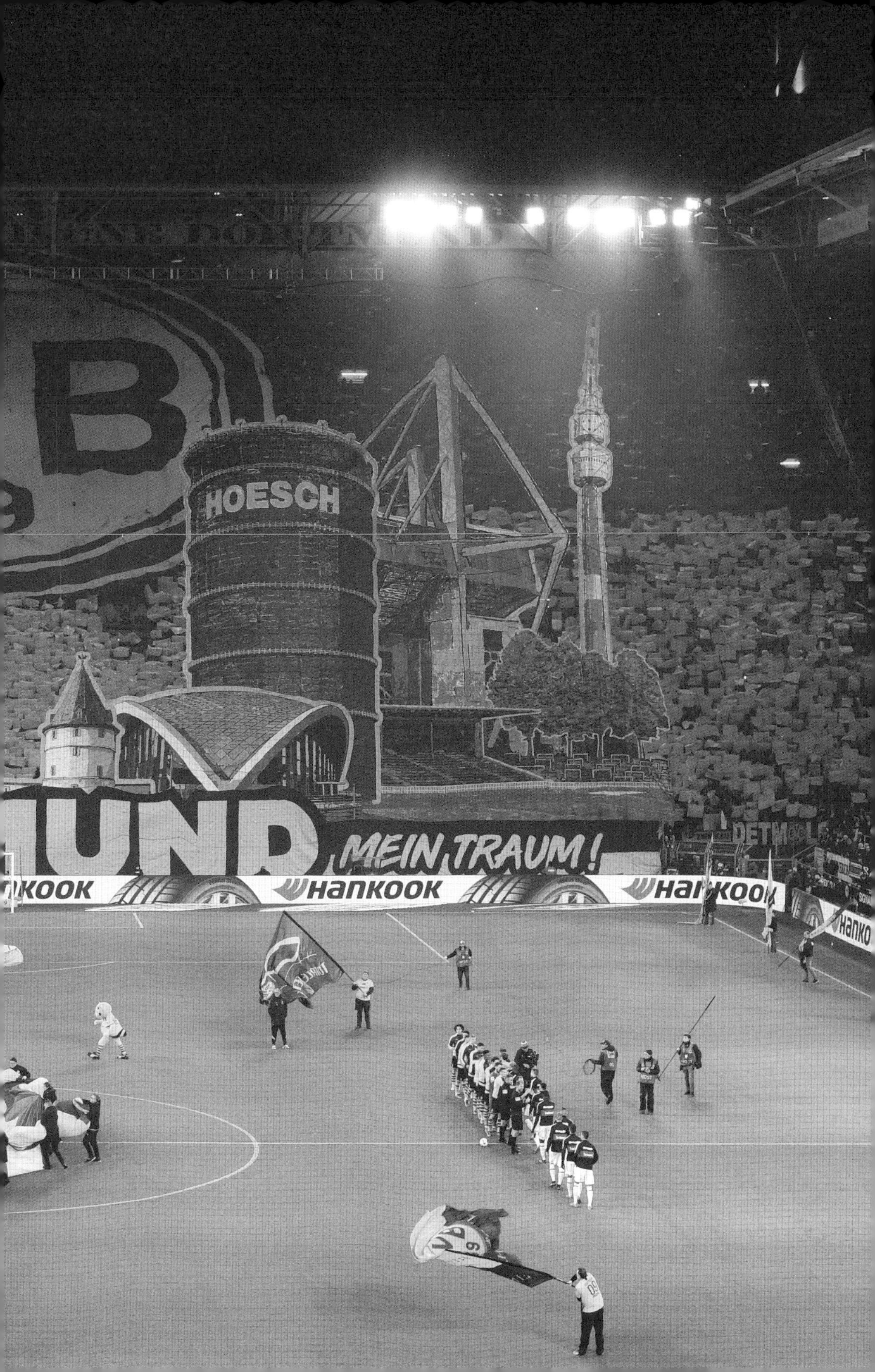
HOESCH
UND
MEIN TRAUM!
HANKOOK
HANKOOK
HANKOOK

01

레비,
도르트문트와
클롭을 만나다

도르트문트는 시기적으로 가장 좋은 리듬은 아니었다. 1990년대 초반에 시작된
구단의 황금기는 2002년 UEFA컵 준우승을 마지막으로 끝났다. 재정 위기는 팀을
무너뜨렸다. 2007-08시즌에는 13위를 차지했는데 당시 기준으로 20년 동안
거둔 최악의 성적이었다. 2008-09시즌에 위르겐 클롭이 지휘봉을 잡은 뒤
조금씩 상승세를 타기 시작했고, 2009-10시즌에는 5위를 차지하면서
부활의 서막을 알렸다.

로베르트의 에이전트였던 체자리 쿠차르스키는 바로 이 부분을 주목했다.
터키 명문인 페네르바체가 큰 금액을 제시했으나 금전적인 보상보다는 성장을
바랐고, 도르트문트가 클롭과 함께 새로운 시대를 여는 과정에서 로베르트 역시
성장하며 성과도 낼 수 있다고 믿었다. 무엇보다 도르트문트는 폴란드 선수가
적응하기 상대적으로 수월한 분데스리가 구단이었다.

"그때는 폴란드 선수들을 독일 분데스리가 구단에서 쉽게 찾을 수 있던 시절이
아니었다. 하지만 도르트문트에는 야쿠프 브와슈치코프스키와 우카시 피슈체크가
있었다. 이전에는 에우제비우시 스몰라레크도 거기서 뛰었다.
그러니 도르트문트에 적응하는 게 더 쉬워 보였다. 팀은 재정위기를 겪은 후
다시 상승세를 타고 있었다. 게다가 나는 당시 스트라이커였던 루카스 바리오스를
잘 알았다. 클롭에게 로베르트가 더 낫고, 팀에 더 많은 걸 줄 수 있는 선수라고
말했다."

도르트문트와 폴란드 간의 거리도 어느 정도 영향을 미쳤다. 2010년, 다음 행선지를 선택하던 로베르트는 21세에 불과했다. 향수병에 걸릴 가능성도 충분했다. 폴란드 바르샤바와 독일 도르트문트의 거리는 1,000km 정도였다. 두 도시 사이를 충분히 하루 안에 오고 갈 수 있었다. 쿠차르스키는 "로베르트는 문제없이 도르트문트에 적응했다. 가족, 친구 누구든 쉽게 그를 방문할 수 있었고, 그가 폴란드로 가기도 쉬웠다"라고 설명했다.

로베르트는 분데스리가라는 새로운 무대에 적응해야 했고, 클럽이 요구하는 역할도 수행해야 했다. 폴란드 무대에서는 도전하자마자 성과를 냈으나 세계 최고를 다투는 분데스리가에서는 그럴 수 없었다. 2010-11시즌 33경기에 출전해 8골을 넣는 데 그쳤다. 그러나 팀은 리그 우승을 차지했다. 첫 시즌 치고는 나쁘지 않은 성적이었다. 33경기 중 18경기를 교체로 뛰며 제한적인 기회를 받는 상황에 이뤄낸 결과였다.

"그 시즌에 나는 벤치에서 출발할 때가 많았고, 스트라이커 뒤에 서는 10번(세컨드 스트라이커) 포지션에서 뛰었다. 내가 가장 좋아하는 포지션은 스트라이커다. 하지만 그 6개월 동안 바로 옆, 바로 뒤에서 스트라이커가 어떻게 움직여야 하는가와 같은 것들을 많이 배웠다." 클럽은 로베르트를 계속 밀어 붙였다. 잠재력을 끌어내려고 끝없이 자극했다. 로베르트가 훈련 때 10골을 넣으면 50유로를 주겠다며 내기를 걸기도 했다.

"2010년, 도르트문트에서 보낸 몇 달은 정말 힘들었다. 이적했을 때는 독일어를 거의 할 수 없었다. 고맙다는 말과 욕 정도를 알았을 뿐이었다. 날씨도 비가 오는 회색조였다. 클럽과 하는 훈련의 강도는 매우 매우 높았다."

2011-12, 클럽과의 대화 그리고 터닝포인트

그 다음 시즌인 2010-11시즌 초반에도 로베르트는

고전했다. 경기 출전시간은 조금 늘었으나 경기력은 크게 나아지지 않았다. 로베르트도 클롭도 만족할 수 없는 상황이었다. 다만 로베르트는 클롭이 자신에게 무언가를 더 원한다는 걸 알 수 있었다. 그는 올랭피크드마르세유와 대결한 유럽축구연맹(UEFA) 챔피언스리그에서 제대로 된 기량을 보여주지 못하고 완패한 뒤 클롭을 찾아갔다.

"클롭이 내게 말한 모든 것을 기억할 수는 없다. 당시 독일어 실력이 좋지 않았던 이유도 있다. 하지만, 내가 아는 몇몇 단어와 그가 보인 보디랭귀지를 통해 서로 이해할 수 있었다. 정말 좋은 대화였다."

로베르트는 클롭과 허심탄회한 대화를 나누고 3일 뒤에 아우크스부르크를 상대로 해트트릭과 도움 1개를 기록했다.

터닝포인트였다. 그는 그때서야 부진과 부적응이 정신적인 부분에서
기인했다는 것을 깨달았다. 그리고 나중에야 대화를 통한 개선이 자신이
아버지와 어릴 적 해왔던 바로 그 방식이었다는 걸 인지할 수 있었다.
아버지가 돌아가신 후로는 할 수 없었던 일이었다는 것도 말이다.
"당시에는 그런 생각을 하지 않았다. 하지만, 지금은 클롭과 나눈 대화가
내 아버지와 할 수 있었으면 좋겠다고 생각했던 것 중 하나였다는 걸 깨달았다.
수년 동안 하지 못했던 것이었다. 클롭과는 무슨 이야기든 할 수 있다.
나는 그를 믿을 수 있다. 클롭은 가정적인 남자이고 선수의 사생활이
어떻게 흘러가는지에 대해 공감을 표한다."
클롭은 로베르트의 '아버지' 역할과 함께 '엄한 선생님' 역할도 맡았다.
그는 로베르트가 잠재력을 끌어내지 못하는 걸 용서하지 않았다.
"클롭은 당신이 B학점을 받는 걸 그대로 내버려두지 않는다.
그는 A+를 원한다. 다만 그 자신이 아닌 학생을 위해 A+를 받길 바랐다."
"클롭은 내게 정말 많은 걸 가르쳐줬다." 로베르트는 도르트문트에서 보낸
두 번째 시즌에 득점력을 획기적으로 끌어올릴 수 있었던 이유를 자세히 설명했다.
"도르트문트에 입단했을 때, 모든 걸 빨리하려고 했다. 패스를 강하게 하고,
모든 걸 원터치로 했다. 클롭은 내게 침착함을 주문했다. 필요하다면
터치를 두 번 해도 된다고 말했다. 속도를 조금 늦추자, 이번에는 스피드를
다시 끌어올리라고 했다. 원터치 후 슈팅, 골! 그는 내 스피드를 끌어올리려고
잠시 속도를 제어한 것이다. 단순하게 들리지만, 정말 천재적인 방식이다."
"그는 내가 이전에는 전혀 알지 못했던 것들을 가르쳐줬다. 그는 내가 프리킥을
차야 한다고 말했다. 내가 그런 킥을 찰 수 있다고 판단했다. 그때부터 프리킥을
차기 시작했다. 그리고 정말, 점점 더 나아졌다."
결과는 놀라웠다. 로베르트는 자신이 해오던 방식을 바꾸고
새로운 무기를 추가하며 더 많은 골을 넣을 수 있었다. 리그에서 22골을 넣으면서
팀 내 최다득점자가 됐고, 팀은 리그와 DFB-포칼을 차지하며 더블을 달성했다.
더 놀라운 사실은 클롭은 로베르트가 훨씬 더 많은 골을 터뜨릴 줄
알고 있었다는 것이다. 클롭은 첫 시즌을 마친 후 로베르트를 찾아가 이렇게
말했다. "우리가 독일 챔피언이 된 그 시즌, 축제를 즐기고 있는데 클롭이 와서
내게 말했다. 내가 매 시즌 20골을 넣을 수 있는 선수라고 했다. 당시 나는
겨우 8골을 넣었을 뿐이었다. 그때 나는 생각했다. 흠, 그럼 정말 좋겠지만…
그런데 봐라. 다음 시즌 나는 22골을 기록했다!"

02

유럽,
무결점 스트라이커를
발견하다

보루시아도르트문트와 위르겐 클롭 감독 그리고 레반도프스키에게 독일 분데스리가는
좁았다. 로베르트가 입단하자마자 도르트문트는 분데스리가를 2시즌 연속 제패했고,
2011-12시즌에는 DFB-포칼까지 차지하는 더블을 달성했다. 문제는 분데스리가와
유럽 무대의 차이였다. 클롭이 이끄는 도르트문트가 지난 유럽 경쟁력은 아직
높지 않았다.
로베르트는 도르트문트 첫 시즌에서도 UEFA 유로파리그에 출전했으나 1골만을
기록하며 조별리그 탈락을 맛봤고, 2011-12시즌에는 UEFA 챔피언스리그에
도전했으나 또다시 조별리그에서 최하위로 탈락했다. 로베르트 역시 1득점에 그쳤다.
분데스리가에서는 바이에른뮌헨도 무너뜨릴 정도로 강렬했으나 유럽 무대 변수는
극복하지 못했다.
2012-13시즌에는 달랐다. UEFA 챔피언스리그 무대에서도 작은 파문을 일으켰고,
이는 곧 큰 물결이 됐다. 조별리그 D조에서 레알마드리드, 맨체스터시티, 아약스를
만났다. 도르트문트는 지난 시즌 아스널, 올랭피크드마르세유, 올림피아코스와
경쟁하고도 최하위였으니 더 강한 팀들이 즐비한 조에서 살아남을 가능성은
크지 않아 보였다. 예상은 그랬다.
로베르트가 이변을 불러왔다. 도르트문트는 1라운드에서 아약스를 1-0으로 꺾었는데
그가 결승골을 터뜨렸다. 2차전 맨체스터시티와의 대결도 1-1 무승부로 선전했고,
3차전에서는 레알마드리드를 2-1로 이기면서 확실히 달라진 모습을 보였다.

로베르트는 이날도 선제골을 넣었다. 도르트문트는
4승 2패로 조1위를 차지하며 16강에 올랐다.
로베르트는 총 4골을 터뜨렸다.

무리뉴의 레알마드리드에 준결승에서 4골

강력한 전방압박 '게겐프레싱'과 과감한 질주를 앞세운
도르트문트는 챔피언스리그를 크게 흔들었다.
16강에서 샤흐타르도네츠크를 잡았고, 8강에서는
반짝 호화로운 스쿼드를 꾸렸던 말라가를 눌렀다.
4강 상대는 챔피언스리그 최강자 레알마드리드였다.
레알마드리드를 이끌던 이는 당시 최고 인기를 구가하던

주제 무리뉴였다. 무리뉴는 크리스티아누 호날두,
메수트 외질, 자미 케디라, 사비 알론소, 루카 모드리치,
카림 벤제마, 앙헬 디 마리아, 카카를 대동하고
지그날 이두나 파크로 왔다. 4강 1차전을 앞두고는
도르트문트가 자랑하는 '노란 벽(Yellow Wall)'도
긴장할 수밖에 없었다. 레알마드리드는 정말 강한 팀이었다.
전반 8분만에 로베르트가 마리오 괴체 패스를 받아
선제골을 터뜨렸으나 전반 43분에 호날두가 동점골을
터뜨렸다. 후반전에도 그런 흐름이 이어지리라는 예상이
지배적이었다. 후반 5분이 되기 전에는 그랬다.
이후 로베르트가 경기를 쥐고 흔들었다. 클럽 감독이
좋아하는 표현을 빌리면 레알을 상대로 '헤비메탈 축구'가

무엇인지 보여준 것이다.

로베르트는 후반 5분에 마르코 로이스의 패스를 잡아
재빨리 돌아선 뒤 라파엘 바란이 붙기 전에 골대 구석으로
공을 차 넣었다. 후반 10분에는 굴절된 공을 왼발과
오른발 발바닥으로 굴린 뒤 페페의 수비를 떨쳐내고
강슛으로 다시 골망을 흔들었다. 후반 21분에는
페널티킥으로 네 번째 골까지 터뜨렸다. 분데스리가를
호령하던 폴란드 출신 젊은 스트라이커는 그렇게
세계 최고 팀과 선수들을 흑백으로 만들었다.

클롭은 경기가 끝난 후 "오늘 밤에 보인 경기력은 축구
그 자체였고, 내 선수들을 멈추게 할 수 있는 건 없었다"라며
감격했다. 이어 그는 4골을 터뜨린 로베르트를 극찬했다.

"레비의 세 번째 골과 같은 환상적인 골은 어디에서도
보지 못했다."

아픈 패배를 당한 무리뉴도 로베르트를 언급했다.

"우리는 도르트문트와 레반도프스키의 모든 걸 알고
있었지만, 그것만으로는 충분하지 않았다.
그에게 4골을 내주며 패했다. 받아들이기 어렵지만,
패할 때는 다 이유가 있다. 실점 중 3골은 너무 쉽게
공을 잃었으며 마크도 제대로 하지 못해서 허용했다.
레반도프스키의 움직임을 잘 알고 있고 그의 기량은
칭찬받을 만하지만, 우리는 내가 원하는 만큼 그를
괴롭히지 못했다."

도르트문트는 4강 2차전에서 0-2로 패했으나

Real Madrid 1

레알마드리드

호날두 43'

코엔트랑

호날두

페페

알론소

모드리치

이과인

로페스

바란

케디라

외질

라모스

레알마드리드 주제 무리뉴 감독   4 - 2 - 3 - 1

2012-13 UEFA 챔피언스리그 준결승 1차전 2013년 4월 24일, 지그날 이두나 파크 [독일]

1차전 4-1 승리에 힘입어 결승에 진출했다. 상대는 준결승에서 FC바르셀로나를 합계 7-0으로 누른 분데스리가 라이벌 바이에른뮌헨이었다. 당시 광고물 중에 여전히 회자되는 게 있다. 'El Clasico, Der Klassiker' (엘클라시코가 아니라 데어클라시커) 전 세계는 분데스리가의 비상과 로베르트의 등장에 환호했다. "그때부터는 누가 이기든 상관없는

게임이었다. 어쨌든 분데스리가가 클럽의 승리였으니까. 오직 바이에른과 도르트문트의 팬들에게만 남다른 경기였을 거다." 영국 런던에 있는 웸블리 스타디움에서 열린 결승전은 여러모로 의미가 있었다. 챔피언스리그 역사상 처음으로 독일 팀끼리 맞붙는 경기였다. 로베르트도 한껏 들떠서 첫 번째 챔피언스리그 결승전을 준비했다. 준결승과 결승 사이에는 분데스리가 경기도 있었다.

4 Borussia Dortmund

보루시아도르트문트

레반도프스키 8' 50' 55' 66'(PK)

브와슈치코프스키   피슈체크

권도안   수보티치

레반도프스키   괴체   벤더   후멜스   바이덴펠러

로이스   슈멜처

4 - 2 - 3 - 1   **보루시아도르트문트** 위르겐 클롭 감독

그는 자서전에서 당시 심경을 솔직히 밝혔다.
"결승까진 3주가 남아있었다. 긴 시간이다. 처음부터
완벽하게 준비할 수는 없었다. 분데스리가 두 경기를
먼저 치러야 했기 때문이다. 결승전 전까지는 평범하게
흘러갔다. 경기장에 들어간 순간 무게감이 확 느껴졌다.
개인적으로는 이미 그 전부터 강렬한 인상을 받았다.
모든 게 특별했다. 웸블리 스타디움과 팬들.
마치 챔피언스리그에 처음 출전하는 기분이었다."

경기 전에 괴체가 바이에른뮌헨으로 이적한다는
뉴스가 갑자기 나와서 두 팀 사이 긴장감은 더 커졌다.
원래 두 팀은 이 이적을 시즌이 끝나고 발표하기로 했다.
확실히 밝혀진 것은 없지만, 당시 울리 회네스
바이에른뮌헨 회장이 탈세한 사실이 밝혀져서
이를 덮으려 했다는 의혹이 크다.
괴체는 햄스트링 부상으로 결승전에 나서지 못했다.
경기는 바이에른뮌헨이 2-1로 이겼다. 로베르트는

최전방에서 고군분투했으나 골은 넣지 못했다. 도르트문트는
마지막 벽을 넘지 못했다. 로베르트는 그라운드에
주저 앉았고 이내 눈물을 흘렸다. 시상식에서 준우승 메달을
받을 때도 표정은 나아지지 않았다. 가장 높이 올라왔다가
떨어졌기 때문이다.

도르트문트와 이별

로베르트는 챔피언스리그 우승컵을 들지 못한 이후
눈을 다른 곳으로 돌렸다. 더 높이 날 수 있는 새로운 팀을
찾으려는 열망을 숨기지 않았다. 자신이 성장하고 있고,
유럽에서도 통한다는 걸 알았기에 더 좋은 환경을 바랐다.
그는 2013년 6월 독일 스포츠지 「빌트」와 한 인터뷰에서
새로운 도전을 원한다고 말했다.
"모든 것을 투명하게 하려고 한다. 이번 여름에 내가
선택한 다른 구단으로 떠날 수도 있다. 그게 모두에게
좋은 일이다. 도르트문트는 내가 영원히 사랑할 엄청난
구단이다. 하지만, 나는 새로운 도전이 필요하다."
얼마 전 챔피언스리그 결승전에서 맞붙었던 바이에른뮌헨
이적설이 나돌았다. 클롭 감독은 "바이에른이 공식적인
제안을 하지 않았다. 로베르트는 여전히 우리와 다음

시즌을 준비하고 있다"라고 진화에 나섰다. 로베르트는
2013–14시즌을 끝으로 도르트문트와 계약이 종료되기에
도르트문트가 이적료를 바란다면, 2012–13시즌
리그 득점왕을 그해 여름에 이적시키는 수밖에 없었다.
로베르트는 이미 2013년 2월에 미하엘 초어크 도르트문트
단장에게 재계약을 하지 않겠다고 말했기에 긴장감은
더 커졌다. 로베르트는 계약을 모두 마치기로 했다.
그는 2013년 11월에 바이에른뮌헨과 5년 계약을 맺었다는
사실을 밝혔다. 로베르트는 사전 계약을 하며 팀에
1,000만 유로(사이닝 피)와 주급 보조금(매주 13만 유로)를
안겼다. 그는 도르트문트에서 보낸 마지막 시즌에도
리그에서 20골을 터뜨리며 득점왕을 차지했다.
로베르트는 2014년 5월 17일 도르트문트 유니폼을 입고
마지막 경기를 했다. DFB-포칼에서 곧 합류할
바이에른뮌헨과 맞붙었다. 클롭 감독은 경기를 앞두고
부상을 우려해 로베르트를 몇 차례 훈련에서 제외하기도
했지만, 로베르트는 120분을 모두 소화했다.
팀은 0–2로 패했다.

2012-13 UEFA 챔피언스리그 결승전

2013년 5월 25일, 웸블리스타디움 [영국]

 도르트문트 **1 : 2** 뮌헨

권도안 68'(PK)

만주키치 60'
로벤 89'

바이에른뮌헨 유프 하인케스 감독

노이어

람　　보아텍　　단테　　알라바

마르티네스　　슈바인슈타이거

로번　　뮐러　　리베리

만주키치

4 - 2 - 3 - 1

레반도프스키

4 - 2 - 3 - 1

로이스　　브와슈치코프스키　　그로스크로이츠

벤더　　권도안

슈멜처　　후멜스　　수보티치　　피슈체크

바이덴펠러

보루시아도르트문트 위르겐 클롭 감독

교체

90+1'
루이스 구스타부 IN
프랑크 리베리 OUT

90+4'
마리오 고메즈 IN
마리오 만주키치 OUT

교체

90'
율리안 시버 IN
야쿠프 브와슈치코프스키 OUT

90+2'
누리 사힌 IN
스벤 벤더 OUT

챔피언스리그 결승전은 월드컵 결승과 비슷하다.
우리는 0-3 패배처럼 명백하게 패한 것이 아니라 더 화가 나고 슬펐다.
정말 팽팽한 경기였는데 막판에 나온 골들로 졌다. 바이에른에 운이 더 따랐을 뿐이다.
우리는 기다릴 게 아니라 공격적으로 나서야 했다. 초반에 한 골을 넣었더라면…
심지어 기회도 있었다. 그랬다면 경기는 다르게 흘러갔을 거다.
바이에른은 경험이 더 많았고, 완급 조절을 잘했다.
우리는 힘을 더 쓸 수 없었다. 결국 제대로 해내지 못했다.

로베르트 레반도프스키

03

찐한 브로맨스,
마르코 로이스

로베르트 레반도프스키는 세계 최고의 스트라이커지만, 화제를 몰고 다니는
선수는 아니다. 몸관리에 철저할뿐만 아니라 바른 생활 사나이로도 유명하다.
웬만해서는 그라운드 내에서도 논란이 될 만한 행동을 하지 않는다.
이런 로베르트도 전 세계적으로 유명한 밈(meme)을 하나 탄생시켰다.
2015년 4월 28일, 2014-15시즌 DFB-포칼컵 준결승전 경기 시작 전에
바이에른뮌헨과 보루시아도르트문트 선수 얼굴이 연달아 잡힌다.
도르트문트 공격수 마르코 로이스가 근엄한 표정을 짓다가 갑자기 미소를 짓는다.
이어 잡힌 선수는 로베르트다. 그의 표정에도 웃음이 번진다. 이 영상은 당시
전세계의 수많은 언론이 기사화할 정도로 큰 관심을 끌었다. 그라운드에 낭만이
남아 있다는 걸 보여주는 전형적인 장면이었다. 그리고 여전히 남자들 사이의
진한 우정인 브로맨스를 보여주는 밈으로 흔히 쓰인다.
로베르트와 로이스의 우정은 실제로도 견고하다. 두 선수는 로베르트가
도르트문트로 이적한 이후 급격하게 가까워졌다. 여기에 한 선수를 더
넣을 수 있다면, 로베르트 이후에 도르트문트에서 바이에른뮌헨으로 간
마리오 괴체가 있다. 로이스는 "돈이 있으면 괴체를 다시 영입하고 싶다"라고
말하기도 했다. 이들은 선수로서 서로를 완벽하게 이해했고, 인간으로서도
서로 존중했다. 무엇보다 로베르트와 로이스는 그라운드에서 매우 잘 맞았다.
그들은 87경기만 함께 뛰었으나 22골을 합작했다. 로이스 기준으로 제이든 산초와

합작한 23골(95경기) 다음 역대 2위에 해당한다.
로이스는 어떤 선수와도 이보다 더 순도 높은 기록을
올리지 못했다. 두 선수가 뛸 때 도르트문트는 경기당
1.98 포인트를 가져왔다.

두 선수는 로베르트가 바이에른뮌헨으로 이적한 후에도
특별한 모습을 이어갔다. 그들은 분데스리가,
아니 세계적으로도 가장 치열한 더비 중 하나인
데어클라시커에서 만날 때마다 서로를 격려했다. 포옹은
기본이고 함께 만든 '시그니처 핸드셰이크'를 하는 모습도
카메라에 잡혔다. 이를 보는 전세계 팬들은 입꼬리가
올라갔다.

은근한 위기도 있었다. 2014년 1월에 영국 언론
「데일리 미러」가 로이스가 "나는 괴체와 레반도프스키를
따라 바이에른뮌헨으로 이적하지 않을 것이다. 돈이 전부는
아니다"라고 말했다는 기사를 내보냈다. 발언 내용을
곱씹어보면 로이스와 로베르트 사이에 금이 간 것 같아
보인다. 하지만, 둘 사이는 전혀 문제 없는 것으로 밝혀졌다.
도르트문트 구단 차원에서 이 기사는 '페이크 뉴스'라고
분노를 표했다.

"며칠 동안에 두 번이나 언론 보도를 보며 분노했다.
부당한 보도가 나왔기 때문이다. 우리는 공개적으로
그 사실을 말해야 한다고 생각한다. 솔직히 말해서
보루시아도르트문트에서 일하는 모든 이는 훌륭한 미디어와
일하는 걸 좋아한다. 국적과 매체 이름에 관계 없이
대부분이 그런 언론사다. 하지만, 내용을 날조하는
검은 양에는 분노할 수밖에 없다."

로베르트는 바이에른뮌헨으로 이적한 뒤
더 뛰어난 동료들을 만났다. 하지만, 로이스는 로베르트와
이별한 후에 오랜 기간 어려움을 겪었다. 아드리안 라모스,
치로 임모빌레, 미시 바추아이가 공격 파트너로 거쳐갔으나
별다른 효과는 없었다. 피에르-에메릭 오바메양이 98골을
터뜨렸으나 로베르트와 같은 유형의 포워드는 아니었다.
로이스는 엘링 홀란드가 2020년에 도르트문트에
입단한 이후에야 로베르트가 떠난 뒤 생긴 갈등을
해소할 수 있었다.

"우리는 로베르트 레반도프스키가 떠난 이후로 이런
유형의 스트라이커를 보유하지 못했다. 홀란드는 더 많은
선택지를 주고, 다른 시스템에 유연하게 적응할 수 있는
길을 열어준다."

축구는 나와 너의 구분이 확실해서 인기 있는 스포츠다.
게다가 공은 둥글고, 영원한 친구도 없으며 영원한 적도
없다. 이런 경쟁 속에서 로베르트와 로이스가 보인 우정은
특별했다. 로베르트는 바이에른뮌헨에서 토마스 뮐러와
70골을 합작했으나, 여전히 그의 이름 옆에 로이스가
따라 붙는 이유다.

그건 로이스도 마찬가지다. 한 유튜브 프로그램에서 팬들이
로이스에게 가장 많이 던진 질문이 "레반도프스키와 연락을
자주 하느냐?"였다. 답은 이렇다. "전보다는 덜하는 편이다.
당연히 도르트문트에 함께 있을 때는 자주 문자 메시지도
주고받았고, 그가 이적한 직후에도 연락을 많이 했다.
지금은 뭐 우리가 다시 경기를 같이 뛸 때나 연락한다.
하지만 우리는 여전히 서로를 잘 이해하고 있다."

도르트문트에서
뮌헨으로 간 이들

FROM DORTMUND TO MUNCHEN

보루시아도르트문트와 바이에른뮌헨이 벌이는 데어클라시커는 언제나 치열하다.
그 배경에는 도르트문트를 떠나 뮌헨으로 향한 이들이 많은 까닭도 있다.
그렇지 않아도 치열했던 데어클라시커를 그들이 더 뜨겁고 격렬하게 만들었다.

Ottmar Hitzfeld

오토마어 히츠펠트

히츠펠트는 도르트문트를 분데스리가 2연패로 이끌고,

1996-97 유럽축구연맹(UEFA) 챔피언스리그 우승에 올려 놓은 명장이다.

오늘날의 도르트문트를 만든 주인공이라 해도 과언이 아니다.

하지만 그는 1997년 도르트문트와 이별했고,

1998년에 바이에른뮌헨 지휘봉을 잡았다.

두 팀 사이는 매우 험악해질 수밖에 없었다.

보루시아도르트문트

감독 1991~97

바이에른뮌헨

감독 1998~2004
　　　2007~08

마티아스 잠머

보루시아도르트문트
선수 1993~98
감독 2000~04

바이에른뮌헨
선수 1998~2004
감독 2007~08

잠머는 도르트문트에서 히츠펠트와 함께
영광을 일궜다. 1995년과 1996년에
연달아 독일 올해의 선수상을 수상했고,
1996년에는 발롱도르도 차지했다.
수비수가 발롱도르를 차지한 것은
프란츠 베켄바워(1976년) 이후 처음이었다.
그는 도르트문트 역사상 유일무이한
발롱도르 위너이기도 하다. 잠머는
도르트문트에서 감독으로 데뷔했으며,
이후 슈투트가르트와 독일축구협회를 거쳤다.
2012년 바이에른뮌헨으로 거처를 옮기며
도르트문트팬들을 충격에 빠뜨렸다.

마리오 괴체

보루시아도르트문트
선수 2009~13
    2016~20

바이에른뮌헨
선수 2013~16

도르트문트 유스를 거쳐 성인팀에서
뛰었고, 도르트문트가 가장 높이 날았을 때
한쪽 날개를 담당했던 선수다.
괴체는 2012-13시즌 중반에 바이에른
이적 소식이 공개되는 바람에
도르트문트 팬들의 거센 비난에 직면했다.
해당 시즌 챔피언스리그 결승전이
데어클라시커로 치러졌으나, 괴체는
부상으로 뛰지 못했다. 그는 2016년에
다시 도르트문트로 돌아왔다.

토르스텐 프링스

보루시아도르트문트
선수 2002~04

바이에른뮌헨
선수 2004~05

2006 독일월드컵 8강전에서
폭력사태를 일으켰던 프링스도
도르트문트를 거쳐 뮌헨으로 향했다.
그는 토마시 로시츠키와 함께
도르트문트 중원에서 맹활약했고,
2004-05시즌을 앞두고
바이에른과 3년 계약을 맺었다.
하지만, 펠릭스 마가트 감독과 조화를
이루지 못했고 한 시즌 만에 다시
팀을 옮겨 자신의 경력 대부분을 보냈던
베르더브레멘으로 돌아갔다.

마츠 후멜스

보루시아도르트문트
선수 2008~09(임대)
2009~16, 2019~현재

바이에른뮌헨
선수 2007~09
2016~19

도르트문트와 바이에른을 가장
자주 오간 선수다. 정확히는 뮌헨의
유니폼을 입은 것이 먼저였다.
하지만 그는 바이에른에서는
빛을 보지 못했고 도르트문트 임대,
이적을 통해 명실상부한 독일 최고의
센터백으로 성장했다. 후멜스는 2016년
다시 바이에른 유니폼을 입으며
'친정'으로 돌아갔다가 2019년
도르트문트로 다시 한 번 돌아와
선수생활을 이어가고 있다.

흔들려도 무너지지 않는,
도시 그리고 축구

도르트문트는 아름답다고 얘기할 만한 게 많지 않은 도시지만, 특별하다. 보루시아도르트문트라는 전 세계적으로 유명한 팀이 연고로 하는 도시이기 때문만은 아니다. 매우 독일적이고 평범하기 때문이다. 모순처럼 들릴 수도 있다. 이도시와 이 도시에 사는 이들은 '평균'이라는 수식어를 얻으려고 상상도 못할 정도로 노력했다. 도르트문트 역사를 조금만 들여다보면 이들이 헤쳐온 파도가 얼마나 거셌는지 알 수 있다.

번영과 좌절의 도돌이표

이 도시가 만난 파고는 아주 오래선으로 가서 않아도 어렵지 않게 민날 수 있다. 도르트문트는 산업혁명 이후에 공업 도시로 번영했다. 광업(석탄)과 철광업 그리고 맥주 산업(1293년에 맥주 양조권 획득)이 도시를 지탱했다. 도르트문트는 내륙 운하를 지닌데다 위치도 좋았다. 루르 지방Ruhrgebiet에 있는 공업지대 가운데서도 가장 융성했을 정도다.

1945년, 이 도시가 지닌 영화는 물론이고 도시의 98%가 사라지는 일이 생긴다. 제2차 세계 대전은 도르트문트 지도를 아예 새로 만들었다. 연합군 폭격기들은 도르트문트 북동쪽 지역에 있는 공업지역Westfalenhütte을 집중 폭격하기 시작했고, 이로 인해 도르트문트 시내에 있는 민가 약 66%가 파괴됐다. 그리고 같은 해 3월 12일에는 괴멸적인 타격을 입는다. 전투기 1,108대가 도르트문트 중심가에 폭탄 4,841톤을 투하했다. 이는 제2차 세계 대전 중 한 도시에 투하된 가장 많은 양의 폭탄이었다. 이로 인해 도르트문트에 있는 건물 98%가 자취를 감췄다. 도르트문트는 산업 도시로 유명했기에 더 혹독한 대가를 치러야 했다.

도르트문트는 전쟁이 끝나자 다시 일어나려고 노력했다. 옛 건물을 복원하기 보다는 도시를 1950년대 양식으로 재건하기 시작했다. 성 레이놀드 교회 Reinoldikirche와 성 메리 교회Marienkirche와 같은 유서 깊은 건물만 복원하고, 당시 기준으로 현대식 건물을 지어 그 사이에 넓은 공원과 정원을 배치한 덕에 도르트문트는 독특한 도시 풍경을 갖게 됐다. 전쟁 전부터 도시의 혈관과도 같았던 철

1

DORTMUND

위치 | 독일 노르트라인베스트팔렌주(Nordrhein-Westfalen)
도시 건설 | 882년
면적 | 280.71㎢(시 기준)
인구 | 587,696명(2020년 기준)

강업과 광업 그리고 맥주 산업도 제자리를 찾았다.

훈풍을 타던 도시는 다시 빠르게 추락한다. 이번엔 전 세계적으로 불어 닥친 산업 구조 변화가 원인이었다. 주요 산업이 차례로 큰 타격을 받았다. 광업은 1958년부터 구조조정에 들어갔고, 철강업은 1975년에 구조조정을 시작했다. 1987년 3월 31일, 도르트문트에 있는 마지막 석탄 광산이 문을 닫았다. 맥주 산업도 1960년대에는 미국 밀워키 다음으로 활황이어서 도르트문트 내에만 6개의 회사가 있을 정도였으나 이후 어려움을 겪으며 2개로 줄었다.

도르트문트는 이번에도 무릎을 꿇지 않았다. 1968년 도르트문트 대학을 설립하며 반전을 꿈꿨다. 도르트문트 대학은 전통적인 학문이 아니라 과학에 관련된 학문을 키우면서 차세대 혁신 산업을 노렸다. 1985년에는 첨단산업센터를 만들었고, 1988년 국제건축박람회사에 루르지방 재개발 프로젝트를 맡겼다.

1999년, 도르트문트는 시 차원에서 미국의 유력한 컨설팅회사인 멕킨지McKinsey & Company에 의뢰해 시의 사회 · 경제적 여건을 종합적으로 진단하고 장기발전계획을 마련하기에 이른다. '도르트문트 프로젝트Dortmund Project'라 불리는 이 사업은 2007년 까지 200개의 기업을 육성하고 2만 개의 일자리를 창출한다는 목표로 많은 사업을 추진했다.

이 사업에는 도르트문트는 방치된 공장지구를 정화하여 주거공간, 여가공간, 신산업공간 등으로 개발하는 것도 들어 있었다. 피닉스 동편Phoenix Ost과 같은 버려진 제철공업지구를 정화하여 인공호수와 고급 주택지구를 조성하기도 했다.

2

결과적으로 공업 도시였던 도르트문트는 몇 번의 아픔을 딛고 도시 재생과 산업구조 재편(첨단 산업 도시로 변모)을 일궜다. 이는 시 정부와 기업 그리고 시민들이 함께 했기에 가능한 일이었다.

특별할 게 없는 도시, 특별한 시민, 특별한 축구

도르트문트는 관광에 적합한 도시는 아니다. 도르트문트에 사는 이들도 '아름다운 도시는 아니다'라고 말할 정도라고 한다. 다만, 특별한 시민과 특별한 팀이 있을 뿐이다.

독일은 속도 제한이 없는 없는 고속도로 아우토반Autobahn으로 유명하다. 일부 속도 제한이 있는 구간도 있지만 말이다. 그런데 도르트문트를 지나가는 A40 아우토반은 특정 구간(서부 B 54번 도로와 동부 B 236번 도로 사이)에서 제한 속도가 50km/h밖에 되지 않는다. 이는 한국 시내 도로 제한 속도와 같다. 2007년 11월 14일, 도르트문트 시민들이 차량 소음과 배기가스를 견딜 수 없다며 시위해서 이러한 결과를 얻어냈다. 이는 독일 내에서도 특별한 사례로 꼽힌다.

도르트문트 시민들은 공항 운영에도 영향을 미쳤다. 도르트문트 공항은 'Dortmund Airport 21'이라는 규정을 지니고 있는데, 이 규정은 공항 운영시간을 오전 6시부터 오후 10시까지로 명시했다. 오후 10시 이후에는 매우 특별한 경우를 제외

하면 비행기 이륙과 착륙이 금지된다. 도르트문트 시민들이 비행기 소음 피해를 줄이려고 노력한 결과물이다.

예기치 못한 변수로 인해 출발과 도착이 기존의 예정시간보다 늦어지는 비행기에 대해서는 11시까지 허가를 해주나, 그 이상은 예외가 없다. 그들이 가장 사랑하는 보루시아도르트문트 구단도 단 29초 때문에 착륙하지 못한 일이 있다. 2010년 12월 5일, 보루시아도르트문트는 뉘른베르크 원정에서 2-0으로 승리(레반도프스키 1득점)한 뒤 바로 도르트문트로 오는 비행기를 탔다. 기상 악화로 이륙 시간이 늦어졌고, 비행기는 도르트문트에 11시 1분(정확히는 11시 29초)에 도착하게 됐다. 그런데 뮌스터에 있는 항공 관제국에서 착륙을 거부했다. 결국 보루시아도르트문트는 파더보른 공항에 내려서 아우토반을 통해 도르트문트로 돌아올 수밖에 없었다.

> 도로에는 얼음이 얼어 있었는데,
> 그들은 우리를 아우토반으로 보냈다.
>
> 위르겐 클롭 감독

> 우리는 도시를 대표하는 사람들인데 이런 취급을 받았다.
>
> 로만 바이덴펠러

> 이게 바로 이 지역의 최고 수준이다.
>
> 미하엘 초어크 단장

도르트문트 구단과 구성원은 분노했고, 언론과 시민들 사이에서도 논쟁이 있었다. 하지만, 이 사례는 도르트문트에서는 누구도 예외가 될 수 없다는 걸 분명히 보여준다. 만약 비행기가 그대로 도르트문트 공항에 내렸다면, 이에 관련된 이들은 징계를 받거나 직업을 잃었을 것이다.

보루시아도르트문트는 독일에서 가장 큰 경기장(지그날 이두나 파크, 81,365석)과 가장 열광적인 팬을 자랑한다. 노란색 유니폼을 입은 팬들로 가득한 노란장벽Die Gelbe Wand은 전 세계적으로도 유명하다. 아마도 자신들이 열광적으로 응원하는 팀도 자신들이 투쟁으로 얻어낸 규칙 안에 둘 수 있는 엄준한 팬들이 서 있기 때문이 아닐까 싶다.

특별한 식생활

디저트부터 먹는 이유

레반도프스키는 과거 달콤한 스니커즈를 즐겨 먹었다.
원정을 떠날 때는 늘 초콜릿을 한가득 챙길 정도로 간식을 좋아했다.
그런 그가 이제는 카카오 100% 함량의 다크 초콜릿만 먹는다.
음식이 자신의 경기력에 얼마나 큰 영향을 미치는지 깨달았기 때문이다.
그의 아내 안나 레반도프스카가 개인 영양 트레이너 역할을 끝내주게 하고 있다.

축구선수가 정상에 오르기 위해선 고려해야 할 사항이 많다. 충분한 수면, 규칙적인 생활, 꾸준한 운동, 멘털 케어 등등. 레반도프스키에게 묻는다면 그는 조금의 망설임도 없이 이렇게 대답할 것이다. 건강한 식단과 균형 잡힌 영양 섭취. 처음부터 그가 음식을 중요하게 생각했던 건 아니다. 유년기에 작고 말라 외면을 받았던 그는 레흐포즈난 시절 살을 찌우려 노력했다. 탄수화물과 지방을 잔뜩 섭취하며 체중을 늘렸다. 경기 전에 초콜릿을 즐겨 먹었고, 캐러멜이 가득 담긴 스니커즈를 특히 좋아했다. 멀리 원정 경기를 갈 때는 초콜릿을 잔뜩 싸서 가는 길에 몽땅 해치우기도 했다. 또, 우유는 얼마나 좋아했는지 매일 아침 500ml씩 꿀꺽꿀꺽 마셨다. 당장 힘이 좋아졌을지 몰라도 영양 균형은 '꽝'이었다. 혈액과 철분의 수치가 좋지 않았다.

그런 레반도프스키의 식습관은 안나 레반도프스카(결혼 전 이름 안나 스타추르스카)와 결혼한 이후부터 달라지기 시작했다. 폴란드 가라데 국가대표 출신인 안나는 영양 전문가로도 잘 알려져 있다. 〈healthy plan by ann (https://healthyplanbyann.com)〉이라는 개인 블로그를 열어 자신이 개발한 레시피를 올리고, 다양한 건강 정보, 운동 루틴 등을 소개한다. 직접 개발한 건강한 식재료도 판매한다. 당연히 스포츠 스타인 남편의 영양까지 책임지고 있다.

안나는 레반도프스키가 뛰는 경기가 늘어나며 피로감을 느끼는 일이 잦아지자 함께 전문가를 찾아가 그에게 필요한 영양 성분, 불필요한 성분 등을 물었다. 전문가는 레반도프스키가 유제품과 간식을 가장 멀리 해야 한다는 조언을 했다. 그때부터 안나는 유제품, 밀가루, 백설탕 등을 제외한 요리를 하기 시작했다. 안나가 관리해주는 대로 먹다 보니 레반도프스키는 몸이 훨씬 가뿐해지고, 기분도 나아졌다. 무엇보다 경기력이 좋아진 걸 느꼈다. 효과를 본 레반도프스키는 그때부터 자발적으로 음식을 가려 먹었다. 우유를 한 방울도 마시지 않는다. 대신 아몬드유나 귀리유, 쌀로 만든 대체 우유를 마신다. 탄산음료도 끊었고, 초콜릿도 멀리한다.

물론 워낙 달달한 간식을 좋아했기에, 완전히 끊는 것은 어렵다. 하지만 밀크 초콜릿 대신 카카오가 100% 함유된 다크초콜릿을 섭취하고, 안나가 직접 만든 케이크나 브라우니를 간식으로 먹는다. 안나는 레반도프스키가 언제든 꺼내 먹을 수 있게 브라우니를 수시로 만들어놓는데, 달걀과 아몬드가루, 꿀, 코코넛 밀크, 다크 초콜릿 등이 들어가 불필요한 탄수화물이나 지방이 없다. 식사의 순서도 바꿨다. 보통 전채 요리, 메인 요리, 디저트 순서로 식사를 하지만 레반도프스키는 반대다. 디저트를 가장 먼저 먹고, 메인 요리를 먹고, 마지막으로 에피타이저를 먹는다. 디저트를 마지막에 먹으면 유기체의 균형이 망가지고, 지방이 쉽게 연소하기 때문이다.

체중 유지가 중요한 레반도프스키에게 가장 효과적인 식사 순서다. 특히 간 건강에 도움이 되는 달걀흰자를 가장 마지막에 먹는 걸 선호한다. 술은 어떨까? 맥주의 나라 독일, 그 중에서도 옥토버페스트의 본고장인 뮌헨에 거주하는 레반도프스키에게 술은 피할 수 없는 존재다. 레반도프스키는 자서전을 통해 레드 와인을 좋아한다고 밝혔다. 하지만 저녁을 먹을 때 한 잔 정도 즐기는 편이지, 파티에서 술에 흠뻑 젖는 일은 없다. 안나는 "로베르트는 시즌이 끝나고 휴가를 보낼 때 평소보다 조금 더 마시는 편이다. 그래도 취한 모습은 한 번도 본 적 없다. 남편감으로 아주 좋다"라며 웃었다. 식습관과 마찬가지로 수면의 퀄리티 역시

중요하게 여긴다. 수면 트레이너까지 고용할 정도다. 레반도프스키는 매일 8시간 잔다. 자신만의 삶의 리듬을 철저하게 유지한다. 친구들이 집에 놀러 오더라도, 잘 시간이 되면 '너희는 더 놀다 가, 나는 먼저 잘게'라며 자리에서 일어난다. 물론 친구들도 그런 레반도프스키를 이해한다. 침실에는 TV도, 블루라이트도 없다. 최고 퀄리티의 매트리스를 들였고, 실내의 온도는 항상 최대 21도 이하로 유지한다. 수면을 위한 특별한 향도 있다. 안나는 이런 레반도프스키의 모습을 높이 산다. "나조차 가끔 깜짝 놀랄 정도다. 그의 이런 프로페셔널함이 지금의 그를 만든 것 같다."

Anna's BROWNIE

달걀 2개

아몬드 가루 1컵

정제 버터 1컵

꿀 1/2컵

코코넛 밀크 1/2컵

다크 초콜릿 1개

코코아 가루 1티스푼

글루텐 프리 베이킹파우더 1티스푼

❶ 오븐 180 ℃ 예열 (오븐마다 차이가 있을 수 있음)

❷ 다크 초콜릿과 정제 버터를 함께 중탕한다.

❸ 달걀과 꿀을 섞은 후 녹인 초콜릿과 버터, 코코넛 밀크를 넣고 섞는다.

❹ 아몬드 가루, 코코아 가루, 베이킹파우더를 골고루 섞는다.

❺ 2번과 3번을 합쳐 부드러워질 때까지 믹서기로 섞는다.

❻ 브라우니 틀에 넣고 예열된 오븐에 30분 동안 굽는다.

❼ 오븐에서 꺼낸 후 식힌다.

❽ 신선한 라즈베리를 올려 맛있게 먹는다.

★ Anna's TIP 다크 초콜릿의 카카오 함량이 높을수록 좋다.

RL9 COFFEE

자상한 남편은 아내의 활발한 건강 블로그 운영을 열렬히 지지한다. 커피 마니아이기도 한 레반도프스키는 자신의 이름을 내건 커피 브랜드까지 만들고, 안나의 블로그에 '입점'했다. 브랜드 이름은 'RL9 COFFEE'다. 라떼 에스프레소부터 아이스 라떼, 인스턴트 커피 등 다양한 상품이 있고 로스팅한 원두도 판매한다. 남아메리카, 아시아, 아프리카에서 공수한 원두를 섞어 특별한 향을 냈다. 레반도프스키는 "균형이 잘 잡힌 아로마향을 느낄 수 있다. 당신과 나누고 싶은 나의 커피 한 잔이다"라며 다소 느끼한 멘트로 자신의 커피를 소개한다. 25개국에서 이 커피를 주문할 수 있지만 아쉽게 아직 아시아까지 시장을 확장하진 못했다. 여느 커피 전문점처럼 곁들여 먹는 간식도 함께 판매하는데, 프로틴바나 오트쿠키, 코코넛잼, 뮤즐리 등이 있다. 확실히 건강을 챙기는 축구선수다운 구성이다.

In
Bayern
München

분데스리가에서 제일 잘나가는 공격수가 최고의 팀으로 가는 건 어쩌면 당연했다.

잉글랜드, 스페인, 프랑스에서 쏟아지는 관심을 뒤로하고 레반도프스키는 분데스리가의 붉은 팀으로 향했다.

분데스리가에 새 역사를 쓸 스트라이커가 독일 뮌헨에 도착했다.

"
나는 로베르트가 게르트 뮐러의 40골 기록을 깰 거라고 이미 확신하고 있었다.
나는 게르트와 50년 동안 알고 지냈다. 그의골에 대한 끝없는 욕구를
로베르트가 갖고 있다. 매 경기 최소 1골은 넣겠다는 의지가 특히 비슷하다
그가 큰 부상 없이 바이에른에서 꾸준히 뛴다면,
뮐러의 통산득점 365골 기록도 깰 수 있을 것이다.

파울 브라이트너 전 바이에른뮌헨, 독일 국가대표 수비수

01

최고의 공격수
최고의 팀을 만나다

2014년 1월, 분데스리가 휴식기. 레반도프스키가 달콤한 휴가에서 돌아왔다.
그가 도르트문트로 향했냐고? 아니. 세계 최대의 맥주 축제 옥토버페스트가
열리는 독일 남쪽의 아름다운 도시, 뮌헨으로 향했다. 그곳에서 새 주인을 만나
새 계약서에 서명했다. 오.피.셜. 레반도프스키는 2014-15시즌부터
바이에른뮌헨에서 뛰게 됐다.

사실 놀라운 소식은 아니다. 레반도프스키의 바이에른행은 이미 수개월 전부터
기정사실이었다. 계약서에 서명하기 4개월 전 독일의 스포츠 전문 매체
「슈포르트아인스」가 던진 바이에른행 질문에 "지금은 말할 수 없다. 공식 계약은
1월에 할 예정이다"라며 사실상 '비공식' 확정을 인정했다. 바이에른은 그보다
더 오래전부터 공을 들였다. 첫 접촉은 2012-13시즌이 시작하기 전에 이뤄졌다.
레반도프스키 역시 바이에른의 관심에 긍정적이었다.

그가 마음을 굳힌 결정적인 계기는 펩 과르디올라의 부임. 바르셀로나를 최고의
팀으로 완성한 스페인 최고의 감독이 자신을 원한다고 하니 망설일 이유가 없었다.
2013년 5월 체자리 쿠차르스키가 폴란드 방송에 나와 바이에른이 로베르트의
다음 클럽이 될 거라고 말하기도 했다. "(바이에른으로) 가지 않는 척하는 건
의미가 없다"라고 말이다.

맨체스터유나이티드, 맨체스터시티, 레알마드리드 등 레반도프스키를 향해
군침을 흘리던 팀들은 한순간에 좌절했다. 무엇보다 레반도프스키를 간절히

원했던 아르센 벵거 전 아스널 감독이 가장 속상해했다. 아스널의 부진한 공격력에 힘을 보탤 유일한 자원이라고 믿었기 때문이다. 바이에른 입단이 공식적으로 발표된 후 그는 "우리도 레반도프스키를 데려오고 싶었는데 이미 그는 1년 반 전에 바이에른과 계약을 끝낸 상태였다. 누구나 다 알고 있는 사실이다"라고 영국 언론을 통해 털어놓기도 했다.

그의 말이 잔뜩 화나 있는 도르트문트팬들에게 기름을 제대로 부었다. 그렇지 않아도 지난 시즌 마리오 괴체가 바이에른으로 가서 약이 오른 상태였는데, 레반도프스키는 더 전부터 바이에른으로 가려 했다니! 도르트문트 팬들의 분노는 걷잡을 수 없을 만큼 커졌다. 레반도프스키의 SNS로 달려가 악플을 다는 건 기본이었다. 신변에 위협을 느낀 레반도프스키는 집 근처에 경호원을 고용하는 것까지 고려했다. 마지막까지 도르트문트를 위해 최선을 다하겠다는 말을 여러 차례 강조하며 무사히(?) 남은 시즌을 마무리 지을 수 있었다.

그리고 2014년 7월, 그는 붉은 유니폼을 입었다.

칼-하인츠 루메니게 CEO는 매우 흡족해했다. "레반도프스키는 세계 최고의 공격수 중 하나다. 그는 우리에게 부스터를 달아줄 것이다"라고 말하며 다시 한번 유럽 제패를 꿈꾸기 시작했다. 2012-13시즌 챔피언스리그 우승을 레반도프스키와 재현하는 게 바이에른의 궁극적 목표였다. 레반도프스키 역시 자랑스러웠다. 레반도프스키는 어린 시절 아버지와 함께 TV를 통해 바이에른의 경기를 즐겨보곤 했다. 슈테판 에펜베르크, 메멧 숄, 올리버 칸 등 분데스리가를 주름잡은 선수들을 보며 축구선수의 꿈을 키웠다. 레전드 공격수 게르트 뮐러는 그의 아이돌이었다. 무엇보다 하늘나라에 있는 아버지가 생전 바이에른의 열성적인 팬이기도 했다.

그런 그의 바이에른 이적에 폴란드 팬들도 기뻐했을까? 레반도프스키는 자서전 『나의 진짜 이야기』를 통해 폴란드의 축구 팬들은 오히려 아쉬워했다고 전했다. 레반도프스키를 통해 도르트문트에 정을 붙인 이가 많았기 때문이다. "많은 사람이 내가 도르트문트에 남길 바랐다. 당시 그 클럽은 폴란드에서 정말 큰 사랑을 받았다. 그때만 해도 바이에른은 내 고향에서 지금처럼 그리 인기 있는 팀이 아니었다."

물론 지금은 다르다. "그사이 많은 것이 바뀌었다. 최근에 폴란드에서 가장 인기 있는 클럽 리스트를 본 적이 있다. 바이에른이 레알마드리드, 바르셀로나에 이어 3위에 있었다. 사람들은 내가 세계 최고의 클럽 중 하나에서 뛰는 걸 알고 있었다. 내가 폴란드에 가면 많은 이가 내게 와서 이렇게 말한다.

'로베르트, 네가 바이에른에서 뛴 이후로 나는 그 클럽을
응원하고 있어!'."

레반도프스키가 제베너 슈트라세에 등장한 날

2014년 7월 9일, 바이에른 선수난 대나수가 브라질로 떠나
잠잠해야 할 제베너 슈트라세(Säbenerstraße)가 북적였다.
바이에른 공식 트레이닝센터이자, 공식 기자회견 시설이
있는 곳이다. 분주하게 카메라 장비를 들고 여기저기
뛰어다니는 포토그래퍼들, 커다란 노트북 가방을 메고
다니는 취재진 그리고 목이 빠져라 누군가를 기다리는 팬들.
레반도프스키가 그들을 이곳에 모이게 했다.
붉은색 카라티를 입은 레반도프스키가 오전 10시경
제베너 슈트라세에 도착했다. 회색 나이키 스니커즈를 신고,
회색 바지를 입었다. 그를 기다리던 팬들의 함성이
울려퍼졌다. 팬들에게 사인을 해주고, 함께 사진을 찍으며
시간을 보낸 후 12시가 되어서야 기자회견장에 들어섰다.
규모가 작은 기자회견장은 인산인해였다. 공간이 부족해
앉지 못한 취재진이 여럿이었고, 우스꽝스러운 자세로
서 있는 이도 있었다. 바이에른의 새로운 골잡이가 처음으로
공식 석상에 모습을 드러내는 날이니 그럴 만도 했다.
현장에 있던 독일 일간지 「빌트」 데이비드 페어호프는
"기자회견장은 아주 작은데, 카메라만 스무 대 이상
들어섰던 것 같다. 기자들도 최소 50명이 몰렸다.
로베르트는 아주 흥분된 모습이었다. 당시 단장이었던
마티아스 잠머가 연신 그를 쓰다듬던 모습이 기억난다"라고
회상했다. 레반도프스키는 취재진을 마주하고 앉아 편안한
미소를 지었다. 그리고 말했다. "오늘이 나의 첫날이다.
기분이 아주 좋다. 휴가도 잘 보내고 왔다. 즉, 지금 나는
100% 충전됐다는 뜻이다." 수많은 달콤한 러브콜을
뒤로하고 바이에른을 선택한 이유는 하나. "최고의
팀이니까"라고 그는 말했다. "내가 발전할 수 있는
팀이라는 확신이 들었다. 바이에른은 매주 승리하고,
매 시즌 우승하는 팀이다. 올 시즌도 분명히 그럴 것이다.
그런 팀을 위해 나는 골을 넣고 싶다."
첫 완전체 훈련은 금의환향한 독일 대표팀 선수들이 합류한
8월이 되어서야 진행됐다. 이 순간을 오매불망 기나렸을
팬들을 위해 구단은 특별히 오픈 트레이닝을 진행했다.
200명가량의 팬들이 훈련장 3면을 둘러쌌다.
나이가 지긋한 노부부부터 아빠 등 위에 올라탄 꼬마

팬들까지 다양한 연령층의 팬들이 바이에른을 기다렸다.
오전 10시가 되자 선수들이 하나, 둘 훈련장에 모습을
드러냈다. '월드 챔피언' 토마스 뮐러, 필립 람,
마누엘 노이어 등에게 아낌없이 박수를 친 팬들은
레반도프스키가 그들과 어울리는 모습을 흐뭇하게 지켜봤다.
모통 오픈 트레이닝은 이벤트 성격이 강하기 때문에
격렬하거나 집중력을 크게 요구하는 훈련 세션은 없다.
수백 명의 팬들이 모인 곳에선 더 그렇다.
이 분위기가 익숙한 동료들은 편안하게 공을 차고, 웃으며
장난치는 모습으로 팬서비스도 아낌없이 발산했다.
레반도프스키는 달랐다. 어쩐지 긴장한 듯한 모습이었다.
이런 분위기가 익숙하지 않은 건지, 팬들의 기대감에서
비롯된 부담감 때문인지 그는 오로지 공에만 집중했다.
1시간 가까이 진행된 훈련이 끝난 후 팬들에게 사인을
해줄 때 비로소 웃기 시작했다. 붉은색 훈련복은 땀으로
흠뻑 젖어 있었다.

> 많은 사람이,
> 내가 도르트문트에 남길 바랐다.
> 당시 그 클럽은 폴란드에서
> 정말 큰 사랑을 받았다.
> 그때만 해도 바이에른은
> 내 고향에서 지금처럼
> 그리 인기 있는 팀이 아니었다.

로베르트 레반도프스키

02

과르디올라를
황홀경에 빠트린 사나이

레반도프스키의 첫 번째 시즌은 무난하게 끝났다. 분데스리가 17골, UEFA
챔피언스리그(UCL) 6골, DFB-포칼 2골을 기록했다. 이전 3시즌 동안 리그에서
20골 이하를 기록한 적이 없었던 레반도프스키에게는 조금 생소한 기록이겠지만,
적응 기간이란 점을 고려하면 꽤 긍정적인 성과다.

두 번째 시즌에는 완전히 다른 판이 펼쳐졌다. 무려 리그 30골을 터뜨린 것이다.
1976-77시즌 디터 뮐러가 34골을 넣고 득점왕에 오른 이후 좀처럼 30골 이상
넣는 선수가 없었는데, 레반도프스키가 39년 만에 기록을 세웠다.

무엇보다 30골 이상 넣은 분데스리가 외국인 선수는 전무후무해서 더 의미 있는
기록이었다. 이 밖에도 UCL에서 9골, 포칼에서 3골을 넣으며 이전 시즌보다
눈에 띄게 좋아진 득점력을 자랑했다.

물론 여기서 끝나면 재미없다. 30골 중 5골을 한 경기에서 넣었다면?
그것도 90분 풀타임 동안이 아닌, 교체 투입 후 9분 만에 넣은 기록이라면?
감히 상상조차 하기 힘든 일을 레반도프스키가 해냈다. 이제는 키워드가 되어버린,
전설의 볼프스부르크전 '9분 5골'이다.

때는 2015년 9월 22일. 바이에른은 홈에서 볼프스부르크에 0-1로 끌려가고
있었다. 당시 레반도프스키는 체력 안배 차원에서 벤치에서 시작했다.

경기가 좀처럼 유리하게 풀리지 않자 과르디올라는 후반전에 레반도프스키를
투입했다. 레반도프스키 출격 6분 후, 판타지 영화같은 풍경이 펼쳐지기 시작했다.

레반도프스키가 10분도 안 되는
시간에 5골을 넣은 후 스포츠계 전체가
충격에 빠졌다. 경외심까지 든다.
비현실적인 일이다. 펩 과르디올라가
그렇게 얼굴에 두 손을 갖다 대며
놀라워하는 모습을 본 적 없을 것이다.
이 성과는 아마 깨지기 힘들 것 같다.
기네스북에 등재되어야 마땅한 기록이다.

크레이그 글렌데이 기네스북 편집장

토마스 뮐러의 패스를 받고 왼발로 쿵, 아크 정면에서
오른발로 쿵, 수비수 두 명을 훌쩍 넘겨 또 한 번 쿵,
왼쪽에서 올라온 크로스를 받아 넣더니, 이번엔 오른쪽에서
올라온 크로스를 환상적인 발리슛으로 마무리 지었다.
후반 6분, 7분, 10분, 12분, 15분…
레반도프스키는 그렇게 9분 만에 다섯 골을 터뜨렸다.
관중석의 팬들은 무아지경에 빠졌다. 과르디올라는 믿기지
않는다는 듯 머리를 감싸 쥐었다. 그야말로 황홀경에 빠진
모습이었다. 그는 "그 순간 레반도프스키는 우리의
스테판 커리였다. 말도 안 된다. 보통 골을 넣으면 다 같이
기뻐하는 데 25초를 소비한다. 그러니까 레반도프스키는
1분마다 골을 넣은 거나 마찬가지다. 아마 이런 광경은
다시 보지 못할 것이다"라고 자신이 방금 본 믿기지 않는
순간을 복기했다. 당시 캡틴이었던 필립 람도 "이제껏 많은
경기를 뛰고, 봤지만 이런 경우는 단 한 번도 보지 못했다"
라며 놀라워했다.
레반도프스키는 자서전을 통해 당시를 이렇게 회상했다.
"그래, 바로 그 날. 내 삶이 끝날 때까지 기억에 남는
순간일 것이다. 나는 그날 정말 만족스럽고, 자랑스러웠다.
축구에 하나의 역사를 쓰지 않았나?! 골을 넣은 직후에는
무슨 일이 벌어진 건지 실감이 잘 안 났다. 경기 중에는
계속 다음 골을 위해 집중했다."
경기 후 레반도프스키의 휴대폰은 불이 났다.
도르트문트에서 레알에 4골을 넣었을 때보다 훨씬 많은
문자가 쏟아졌다. 정작 그는 자신을 축하해주는 사람들과
함께 기뻐할 틈이 없었다. 당장 리그와 UCL 경기가 눈앞에

다가왔기 때문이다. 나흘 후에 마인츠로 원정을 떠나고,
돌아와선 UCL 조별리그 2차전 디나모 자그레브전을
치러야 했다. 레반도프스키는 자신의 발끝에 승리가
달려있다는 걸 알기에 계속 긴장 상태를 유지할 수밖에
없었다. 마인츠 원정에서 그는 멀티골을 터뜨렸고,
자그레브전에서 해트트릭까지 해냈다.
그렇게 골을 더 넣은 후에야 자신의 '9분 5골'을 회상할 수
있었다. 그는 "겨울 휴식기가 되어서야 현재 나의 흐름이
얼마나 좋은 지 돌이켜볼 여유가 생겼다"라고 말했다.

기네스북에 오르다

레반도프스키의 경이로운 득점은 곧 세계 신기록으로
인증 받았다. 기네스북에 등재되는 영예를 안았다.
무려 네 개 부문에서 말이다. 최단 시간 3골, 최단 시간 4골,
최단 시간 5골, 교체 선수 최초 5골이다. 세계기네스협회
심사관 세이다 수바시 게미치는 레반도프스키의 기록은
쉽게 깨지지 않을 것으로 확신했다. "이런 기록을 쓸 선수가
또 나올까. 잘 모르겠다. 모든 게 잘 맞아떨어져야 한다.
운, 최고의 컨디션, 그리고 경기의 흐름. 다섯 골을 넣을 수
있도록 이끄는 신의 가호까지 필요할 것이다."
크레이그 글렌데이 기네스북 편집장 역시 레반도프스키의
이름을 기네스북에 올리는 건 당연한 일이라고 말했다.
"레반도프스키가 10분도 안 되는 시간에 5골을 넣은 후
스포츠계 전체가 충격에 빠졌다. 경외심까지 든다.
비현실적인 일이다. 펩 과르디올라가 그렇게 얼굴에 두 손을
갖다 대며 놀라워하는 모습을 본 적 없을 것이다. 이 성과는
아마 깨지기 힘들 것 같다. 기네스북에 등재되어야
마땅한 기록이다."
수상의 영예는 계속 이어졌다. 2015년 12월 뮌헨의
5성급 호텔 '바이리셔 호프(Bayrischer Hof)'에서 '아우디
제너레이션 어워드(Audi Generation Award)'가 열렸다.
성공적인 경력을 쌓은 젊은 스포츠인, 예술가, 사업가 등을
위한 시상식이다. 레반도프스키가 이날 스포츠 부문 최고의
상을 받았다. 레반도프스키는 "당시 홀에 있던 모두가
박수를 쳤는데, 그 소리가 엄청났다"라고 말했다.
또한, 폴란드 올해의 스포츠인에 선정되기도 했다.
축구가 아닌 스포츠 전 종목을 통틀어 최정상에 올랐기에
의미가 컸다. '9분 5골' 덕에 받은 영광스러운 상들은
레반도프스키의 '트로피 수집 방'에 나란히 걸려있다.

03

레알 대소동은
대체 언제쯤 끝날까

레반도프스키는 바이에른에서 첫 시즌에 리그 17골을 넣고, 두 번째 시즌이
시작된 지 얼마 지나지 않아 9분 5골이라는 경이로운 기록을 썼다.
단숨에 분데스리가 대표 스트라이커로 올라섰다. 바이에른에서 레반도프스키가
번쩍거리자 스페인 거함의 눈도 반짝이기 시작했다. 축구선수들의 '드림클럽'이라
불리는 레알마드리드다. 바이에른에서 두 번째 시즌을 잘 보내고 있는데 레알
이적설이 터져 나왔다. 에이전트 체자리 쿠차르스키가 레알 홈 베르나베우에서
목격되면서다.
당시 스페인 언론 「아스」는 레알이 쿠차르스키를 개인적으로 초대했다고 보도하며,
레반도프스키 측과 레알의 협상 테이블이 열렸다고 암시했다. 쿠차르스키는
종전 독일 언론 「레비어슈포르트」를 통해 이렇게 말하기도 했다. "로베르트는
항상 레알이 자신의 꿈이라고 했다. 그는 과거에 이미 레알에서 두 차례 구체적인
제안을 받기도 했다." 그러니 레반도프스키의 레알 이적 가능성은 터무니없어
보이지 않았다.
이 소식을 전해 들은 레반도프스키는 의연한 태도를 보였다. 그는 "늘 이런 식이다.
항상 똑같다. 이런 추측에 신물이 난다. 레알과 접촉은 없었다"라고 선을 그었다.
칼-하인츠 루메니게 CEO 역시 "우리와의 계약 기간을 보면 조금도 긴장되지
않는다. 쿠차르스키가 그곳에서 경기를 보는 것도 전혀 문제없다. 멋진
경기장이고, 멋진 사람들이 있는 곳일 뿐이다"라며 대수롭지 않게 여겼다.

이듬해 여름 스페인에서도 비슷한 기류가 흘러나왔다.
이번엔 잉글랜드에서도 러브콜을 보냈다. 슬슬 심기가
불편해진 루메니게 CEO는 공개적으로 레반도프스키를
팔지 않겠다고 말했다.

"우리는 로베르트를 내어주지 않을 거다. 그 어떤 제안이
와도 말이다."

여기서 그치지 않았다. 그해 겨울 바이에른은 곧장
레반도프스키와 재계약을 진행했다. 2019년까지였던
계약은 2021년까지 연장됐다. 유럽 곳곳에서 오는 관심에
대한 바이에른의 대답이었다. 레반도프스키 역시 자신에게
확신을 주는 클럽에 만족스러웠다. "바이에른은 내가 꿈을
펼칠 수 있는 모든 걸 갖고 있는 클럽이다. 올해 나의
크리스마스는 12월 13일이다."

2018년. 또 시작됐다. 레반도프스키의 이적설이 다시
도마 위에 올랐다. 유럽의 유명 에이전트 피니 자하비와
레반도프스키가 손을 잡으면서다. 자하비는 네이마르를
천문학적인 금액에 바르셀로나에서 파리생제르맹으로
이적시킨 인물이다. 그는 독일 언론「슈포르트빌트」를 통해
"로베르트는 자신의 커리어에 변화와 도전이 필요하다고
느낀다"라며 바이에른 흔들기에 돌입했다. 그의 말대로
당시 레반도프스키는 새로운 변화를 원했다.

이미 분데스리가 최고의 팀에서 네 차례 정상에 섰다.
득점왕 타이틀도 받았고, 기네스북 수상 영예까지 누렸다.
이제 막 서른이 된 그가 또 다른 챌린지를 원하는 건
어쩌면 자연스러운 수순이었다.

다만 문제가 하나 있었다. 자하비는 맨체스터 유나이티드,
첼시, PSG에서 제안서를 받아와 레반도프스키에게 권했다.
레반도프스키의 반응은 미지근했다. 그는 바이에른에서
이적을 해야 한다면, 그곳은 레알이길 원했다.

안타깝게도 지네딘 지단 당시 감독은 레반도프스키에게
확신이 없었다. 레알에서는 공식적인 제안을 받지 못했다.
레알이 아니라면 잔류하겠다는 입장이었기에,
자하비의 이적 설득에도 불구하고 레반도프스키는
바이에른에 남기로 했다.

이렇게 레반도프스키와 자하비가 북 치고 장구 칠 동안
바이에른은 어땠을까? 그들은 눈 하나 깜짝하지 않았다.
울리 회네스 딩시 회장은 설령 레반도프스키가 이적을
요청해도 보낼 생각이 전혀 없었다. 그는 말했다.

"우리는 셀링 클럽이 아니다. 우리는 바이어(buyer)다.

절대 누구도 돈 때문에 팔지 않는다. 결정은 바이에른
뮌헨이 한다. 선수가 하는 게 아니다. 레반도프스키도
마찬가지다. 레알로 가고 싶다고? 우린 그를 보내지 않는다.
우린 레반도프스키가 필요하지, 돈이 필요한 게 아니다."

회네스는 조금 더 확실히 하기 위해 레알의 플로렌티노
페레즈 회장과 직접 통화를 했다. 페레즈 회장 역시
'스페인 언론에서 나오는 내용은 전부 사실이 아니다.
나이 많은 공격수에게 그만큼의 돈을 투자할 생각이 없다'고
뜻을 전했다. 바이에른은 대형 스타를 다루는 법을
잘 알고 있었다.

회네스 회장이 움직인 이후 바이에른 취재진도 더는
레반도프스키의 레알행을 다루지 않았다.

바이에른을 17년째 취재한 스포츠 방송국 BR24의
타우피히 카릴 기자는 이렇게 말했다. "레반도프스키의
레알 소동은 '러닝 조크(running joke)'다. 매년 반복되니
그러려니 한다. 그가 이곳에 온 후 겨울마다 레알 이적설이
불거졌다. 그가 올해 떠나지 않는다면? 내년 1월에 또 같은
소동이 벌어질 거다. 이제 우린 신경 쓰지 않는다.
'또 저러네'하고 만다."

바이에른이 더는 투정을 받아주지 않자, 레반도프스키의
레알 대소동은 점차 잠잠해졌다. 이듬해 2023년까지
계약 연장도 했다. 신의와 충성이다.

"

그가 올해 떠나지 않는다면?
내년 1월에 또 같은 소동이 벌어질 거다.
이제 우린 신경 쓰지 않는다.
'또 저러네'하고 만다.

───── **타우피히 카릴** BR24 리포터

기다리지 않는 공격수, 레반도프스키

레반도프스키는 왜 골을 잘 넣을까.
동료가 '어시스트 최강자' 토마스 뮐러라서? 반은 맞고 반은 틀리다.
그런 뮐러를 잘 활용하는 실력 덕분이다. 자신에게 적절한 패스가 들어오길 기다리지 않고,
공이 떨어지는 지점을 기가 막히게 찾아낸다. 최전방에서 머물며 골만 쏙쏙 넣지 않고
기꺼이 수비진까지 내려간다. 그렇게 레반도프스키는 특별해졌다.

레반도프스키는 현재 유럽에서 활동하는 공격수 중 최고다. 아니 현존 세계 최고의 공격수라고 단언해도 지나칠 것이 없다. 자신의 골로 기네스북에서 무려 4개 부문에 이름을 올리고, 2021년 골든슈를 수상하고, 2020년 유럽축구연맹(UEFA)과 국제축구연맹(FIFA)이 선정한 최고의 선수가 됐다. 2019-20시즌에는 UEFA 챔피언스리그 득점왕 자리에 오르며 트레블을 달성했고, 2020-21시즌에는 41골로 분데스리가 역대 단일 시즌 최고 득점자가 됐다. 골로 말해야 하는 위치에서 이보다 더 나을 수 없는 모습을 보이고 있다. '9번 공격수'라는 난어가 레반도프스키만큼 잘 어울리는 선수는 없을 거다.

잘 준비된 재료로 최상의 맛을 낸 결과다. 잘 준비된 재료로 더욱더 맛깔난 음식을 만들기 위해선 일종의 MSG가 필요하다. 레반도프스키는 자신의 축구에 MSG를 더했다. 페널티 에어리어 부근에서 움직이며 골을 실컷 넣어본 그는 활동 반경을 더 넓혀도 되겠다고 판단했다. 2018-19시즌 리그에서 처음으로 두 자릿수 도움을 기록하며 세상에 알렸다. 자신은 동료를 도울 줄도 아는 스트라이커라고.

그의 움직임을 보면 알 수 있다. 레반도프스키는 근 3년 가까이 미드필더 못지않은 활동량을 자랑하는 중이다. 경기가 좀처럼 풀리지 않으면 수비 진영까지 직극직으로 내려가 수비를 돕고, 직접 공을 운반한다. 혹은

상대 선수들의 시선과 발길을 끌어 동료들이 기회를 얻도록 돕는다. 레반도프스키의 스피드가 특출하게 빠른 것도 아닌데 그는 자신이 필요한 순간을 정확히 판단한다. 실제 스스로 자신의 장점이 경기의 흐름을 읽는 능력이라 말하기도 했다. 경기가 어떠한 이유로 잠시 멈췄을 때 역시 그는 잠시도 쉬지 않는다. 토마스 뮐러, 세르주 그나브리에게, 혹은 요슈아 킴미히에게 바쁘게 작전을 설명한다. 아마도 상황 판단 능력에는 그런 적극적인 커뮤니케이션이 진행되는 덕분일 것이다. 동료들과 빠르게 '짤막 회의'를 여는 레반도프스키에게 고치진욘 곧이 별다른 지시를 내리지 않는다. 그의 감각과 판단을 믿기

때문이다. 레반도프스키는 자서전을 통해 "나는 시대의 흐름에 발맞춰, 계속해서 가장 현대적인 공격수가 되고 싶다. 그게 나의 목표다"라고 말했다. 지난해부터는 오프더볼 상황까지 욕심을 내기 시작했다. 그는 쉬는 날, 다비드 알라바에게 부탁해 프리킥 특별 코칭을 받았다. 위험 지역에서 어떤 자세로든 득점을 터뜨릴 수 있는 레반도프스키는 무기 하나를 더 장착한 셈이다.

2021년 1월, DFB-포칼에서 한국의 이재성(현 마인츠05, 당시 홀슈타인 킬)은 그런 레반도프스키를 상대했다. 평소 TV를 통해서도 레반도프스키의 플레이를 즐겨봤던 그이지만, 직접 마주한 '적' 레반도프스키는 훨씬 더

놀라웠다. 그는 "경기 중 플레이가 계속 눈에 띄는 건 아니다. 그런데 문전에서 움직임이 정말 좋다"라고 묘사했다. "크로스가 올라오면 움직임 단 한 번으로 골을 넣을 수 있는 선수다. 골대 앞에서 결정력이 끝내준다. 우리 국가대표팀에서 늘 이야기가 나오는 그 '문전 해결사'의 모습을 가졌다. 특별히 빠르거나, 아주 많이 뛰는 선수가 아니지만, 뛰어야 할 타이밍에는 전력을 다해 뛴다. 영리한 스트라이커의 정석이랄까. 골 냄새도 정말 잘 맡는다. 바이에른 경기를 자주 보는데, 레반도프스키는 공이 어디로 올지 이미 알고 있는 것 같다. 동료들이 모두 훌륭한 선수들인데, 그들을 잘 이용해서 자기가 골을 넣을 수 있게 만들어가는 느낌이다."

스트라이커가 골도 잘 넣고, 똑똑하고, 상황 판단까지 잘하면 어떤 일이 벌어지는지 잘 보여주는 예시다. 공이 올 때까지 기다리기보다는 자신이 직접 움직이고, 동료들을 활용해 골을 찾아다니는 공격수. 그게 레반도프스키를 특별하게 만든 MSG가 아닐까. 레반도프스키의 부모는 그를 낳은 후 일말의 고민도 없이 그에게 '로베르트'라는 이름을 붙였다. 세계 어디서나 같은 발음으로 불리는 이름이기 때문이다. 그들은 자신의 아들이 운동선수로 세계에 이름을 떨치길 바랐다. 그들의 바람대로 지금 로베르트는 세계 축구 정상에 서 있다. 가장 완벽한 공격수, 가장 현대적인 공격수라는 찬사를 받으면서.

단 한번의 움직임으로
골을 넣는 선수다.
문전 결정력이 끝내준다.
우리 국가대표팀에서
늘 이야기가 나오는
그런 '문전 해결사'의
모습을 가졌다.

이재성 마인츠05

나는 시대의 흐름에 발맞춰,
계속해서 가장 현대적인 공격수가 되고 싶다.
그게 나의 목표다.

로베르트 레반도프스키

레반도프스키시대가 저물면
누가 떠오를까?

THE NEXT GENERATION

레반도프스키는 말한다. 아직 자신의 신체 나이가 20대 중반 같다고.
그래도 언젠가는 그의 시대 역시 저불어 끝이 날 것이다. 어느덧 그의 나이 33세다.
훤칠한 공격수가 시원하게 터뜨리는 득점의 향연을 볼 날이 얼마 남지 않았다.
그래도 아쉬워 마시라. 지는 해가 있다면, 뜨는 해가 있기 마련.
그의 뒤를 이을 차세대 '월드 클래스' 공격수 후보 3인방을 소개한다.

#1 Erling Haaland

출생

2000. 7. 21

신장

194cm

국적

노르웨이

2020-21시즌 성적

분데스리가 | **20경기 27골**

UEFA 챔피언스리그 | **8경기 10골**

DFB 포칼 | **4경기 3골**

엘링 홀란드 도르트문트

봉준호 감독이 한국의 '괴물'을 만들었다면, 노르웨이의 괴물은 도르트문트에서 완성되고 있다. 열여섯의 나이에 몰데FK에서 프로로 데뷔해 공식전 50경기서 20골을 터뜨렸다. 2019년 오스트리아 분데스리가의 잘츠부르크로 이적해 놀라운 득점력을 뽐내며 유럽에 자신의 이름을 알렸다. 자신의 첫 UCL 무대인 헹크전에서 해트트릭을 터뜨렸다. 리버풀과 나폴리를 상대로도 골을 넣으며 10대라고는 믿기지 않는 대담한 모습을 보였다. 잘츠부르크에서 뛴 27경기서 무려 29골을 기록했다. 2019년 오스트리아 올해의 축구상을 수상했다.

그런 그를 빅클럽이 가만히 두지 않았다. 독일 분데스리가의 도르트문트가 냉큼 모셔갔다. 데뷔전부터 성공적이었다. 아우크스부르크 원정에서 교체로 들어가 세 골을 터뜨리며 1-3을 5-3으로 뒤집었다. 단숨에 레반도프스키를 잇는 분데스리가 최고의 공격수로 우뚝 섰다. 기복 같은 건 찾아볼 수 없다.

2020-21 UCL에서 홀란드는 10골로 대회 최다 득점자가 됐다. 레알마드리드, 맨체스터시티, 바이에른뮌헨에서 꾸준하게 관심을 보이는 중이다. 그를 원하는 클럽의 네임밸류만 봐도 홀란드의 위상을 느낄 수 있다.

두산 블라호비치 피오렌티나

출생

2000. 1. 28

신장

190cm

국적

세르비아

2020-21시즌 성적

세리에A | 37경기 21골

이탈리아컵 | 3경기

토트넘이 간절히 원한다는 그 공격수, 블라호비치다. 세르비아 벨그라드에서
태어난 블라호비치는 2015년, 지역팀 파르티잔과 프로 계약을 맺었다.
당시 그의 나이는 겨우 15세였다. 이듬해 등번호 9번을 달고 1군에 합류한 그는
2월에 데뷔전을 치렀다. 그리고 2개월 만에 골까지 터뜨렸다. 클럽 역대 최연소
득점자에 이름을 올렸다. 2016-17시즌에는 UEFA 유로파리그 무대를 누비며
유럽 경험까지 쌓았다. 그리고 18세가 되는 해, 이탈리아의 피오렌티나로 향했다.
피오렌티나는 이미 오래전부터 그를 지켜보고 있었다. 다만 파르티잔 이사진의
반대로 이적에 계속 제동이 걸렸다.
마침내 더 큰 무대로 나온 블라호비치는 2019년에 코파 이탈리아에서
칼치오 몬차를 상대로 멀티골을 터뜨리며 팀을 3-1 승리로 이끌었다.
2019-20시즌에는 리그 30경기서 6골을 기록하며 가능성을 보이기 시작했고,
2020-21시즌엔 37경기서 21골을 기록하며 차세대 최고의 스트라이커 한자리를
예약했다. 이탈리아 강호 유벤투스를 상대로도 골맛을 보고, 베네벤토전에서는
해트트릭까지 터뜨렸다. 피오렌티나는 서둘러 그를 잡기 위해 재계약을
제안했지만, 블라호비치는 거절했다. 현재 계약기간인 2023년 이전에
이적할 가능성이 크다. 토트넘이 해리 케인의 대체자로 눈여겨보는 자원이다.
아틀레티코마드리드와 아스널까지 가세했다. 이 잔치에 맨시티도 빠질 리 없다.
블라호비치는 행복한 고민에 빠져 있을 거다.

#3 Benjamin Sesko

출생

2003. 5. 31

신장

194cm

국적

슬로베니아

2020-21시즌 성적

오스트리아 2. 리가 ┃ 29경기 21골
분데스리가 ┃ 1경기

벤자민 세슈코 RB잘츠부르크

홀란드를 보낸 잘츠부르크가 세슈코를 얻었다. 슬로베니아 유소년 리그에서
활약하는 그를 일찍이 알아본 잘츠부르크는 아직 18세도 안 된 어린 세슈코를
영입해 위성구단 리퍼링에 보내 성장시켰다. 2019-20시즌 리퍼링에서 2. 리가
(오스트리아 2부 리그) 15경기를 뛰고 1골을 넣더니, 바로 다음 시즌에는 29경기를
소화하고 무려 21골 6도움을 기록했다. 예상보다 일찍 두각을 드러내자
잘츠부르크는 바로 그를 불러들였다. 그리고 2026년까지 계약을 맺었다.
세슈코를 향한 잘츠부르크의 신뢰, 그를 쉽게 보내지 않겠다는 의지가 담겨있다.
세슈코는 단숨에 주전으로 올라 오스트리아 분데스리가에 매 경기 출전하는
중이다. 또, 2021년 6월 그는 18세가 된 지 하루 만에 국가대표 데뷔전을
치렀다. 북마케도니아를 상대하며 슬로베니아 국가대표 역대 최연소 데뷔자가
됐다. 2022 카타르 월드컵 최종예선에서는 몰타를 상대로 골을 넣으며
최연소 데뷔골까지 기록했다. '믿고 쓰는 잘츠부르크산 공격수'는 벌써
바이에른뮌헨, 레알마드리드, 리버풀 등의 관심을 받고 있다. 세슈코는
"지난 2년은 내가 프로 수준에 도달하기 위해 매우 중요한 시간이었다.
이제는 다음 단계로 나아가고 싶다"라고 자신의 열린 미래를 밝혔다.

04

코로나19와
사라진 발롱도르

2020년은 레반도프스키에게 최고의 해였다. 2019–20시즌 리그에서 34골을
넣으며 개인 최고 기록을 달성했다. 공식전으로 범위를 넓히면 총 47경기
55골이다. 분데스리가 우승은 물론이고 DFB 포칼도 잡고, 그가 염원했던
UEFA 챔피언스리그에서 빅이어까지 들어 올렸다. 자신의 커리어 첫 트레블을
달성하며 유럽 최고의 자리에 올랐다. 그렇게 가장 완벽한 9번 공격수가 됐다.
자연스레 레반도프스키는 발롱도르(Ballon d'or)의 유력한 1위 후보로 올랐다.
발롱도르는 프랑스 축구 매거진 「프랑스 풋볼」이 만든 전통적인 시상식으로,
축구선수가 받을 수 있는 가장 특별하고 명예로운 상이다. 2008년부터
2019년까지 리오넬 메시가 6회, 크리스티아누 호날두가 5회를 받으며
'메날두 시대'를 뽐냈다. 레반도프스키는 그 시대에 비로소 마침표를 찍을 수 있는
유일한 선수로 꼽혔다. 바이에른의 역대 발롱도르 수상자 게르트 뮐러,
프란츠 베켄바워, 칼-하인츠 루메니게의 뒤를 이을 기회이기도 했다.
그 기회는 허무하게 사라지고 말았다. 「프랑스 풋볼」이 돌연 시상식을
취소한 것이다. 코로나19 확산으로 세계 곳곳의 축구 리그가 정상적으로
돌아가지 않았기 때문이다. 선수단 격리로 경기가 미뤄지거나, 리그가 중단되고,
무관중 경기로 치러지는 등 크고 작은 영향을 많이 받았다. 「프랑스 풋볼」은
공정성을 고려해 2020년 수상자는 선정하지 않기로 했다. 발롱도르 취소는
창설 64년 만이다. 레반도프스키는 어쩌면 다시없을 해를 보내고도 '공식적인'

최고의 선수가 될 기회를 놓쳤다.

그는 「프랑스 풋볼」과의 인터뷰를 통해 "시상식 취소를
이해한다. 하지만 솔직히 말해, 너무 섣부른 결정이
아니었나 싶다. 바이에른은 모든 대회에서 우승했다.
좋은 경기를 펼쳤고, 골도 많이 넣었다. 우리는 최고의
팀이었다. 발롱도르 수상을 두고 경쟁했다면,
아마 같은 팀 동료와 하지 않았을까"라고 심정을 전했다.
"많은 선수와 감독 그리고 기자들이 이게 나의 최고의
시즌이었다는 걸 안다"라며 아쉬움도 드러냈다.
팬들도 아쉬운 건 마찬가지였다. 폴란드의 열성적인
축구팬이자 유명 래퍼인 퀘보나파이드는 본인이 직접
발롱도르 트로피를 만들기로 했다. 그는 찬란한
금빛 레고로 트로피를 똑같이 재현해 레반도프스키에게
전달했다. 레반도프스키는 이 레고 트로피를 자신의
개인 SNS에 올리며 고마운 마음을 전했다.
하지만 그해 12월에는 발롱도르 불발의 아쉬움을 달랠
또 다른 영예가 찾아왔다. 12월 12일 스위스에서 열린

국제축구연맹(FIFA) 더 베스트 풋볼 어워즈에서
레반도프스키가 호날두와 메시를 제치고 올해의 선수상을
받은 것이다. 시상식에 참여한 레반도프스키는 그제야
환하게 웃었다. "정말 자랑스럽고, 만족스럽다.
나뿐만 아니라 우리 클럽에도 중요한 날로 기억될 거다.
이 상을 우리 동료들과 코치진, 폴란드 대표팀 동료들에게
돌린다. 믿을 수 없을 만큼 행복하다. 특히 호날두나 메시
같은 선수들을 뒤로하고 이런 상을 받는 건 정말 영광이다."
2개월 전 그는 유럽축구연맹(UEFA)에서도 올해의 선수상을
받았다. UEFA는 '2019-20시즌은 바이에른의 120년
역사 중 최고였다. 레반도프스키만큼 커다란 공헌을
한 선수는 이제껏 없었다. 레반도프스키는 UCL 전경기에서
골을 넣으며 그토록 염원하던 빅이어를 거머쥐었다'라며
레반도프스키이 공을 높이 샀다. 비록 발롱도르는 아쉽게
놓쳤지만, 두 차례 연이어 받은 최고의 선수상이 그를
위로했을 거다.

2020 발롱도르 놓친 레반도프스키, 속상할 수밖에...

개인기록 및 팀기록

31경기 **34**골 ──────────→ 분데스리가 우승

10경기 **15**골 ──────────→ UEFA 챔피언스리그 우승

5경기 **6**골 ──────────→ DFB 포칼 우승

46경기 **55**골 | **1.2**경기당(골)

2019-20 시즌 유럽 득점왕 순위

정규 리그, 컵, 유럽대항전 등
모든 공식 경기 기준

선수	골
레반도프스키 POL	55
임모빌레 ITA	39
호날두 POR	37
루카쿠 BEL	34
베르너 GER	34
스털링 ENG	31
메시 ARG	31

10   20   30   40   50   60

역대 바이에른뮌헨 출신
발롱도르 수상자

B A L L O N   D ' O R

레반도프스키는 바이에른의 발롱도르 수상자 계보에 이름을 올리지 못해 아쉬워했다.
마지막 수상자인 칼-하인츠 루메니게 CEO 역시 시상식 취소에 크게 분노했다.
39년 만에 바이에른뮌헨이 발롱드르 수상자를 배출할 기회였기 때문이다.
이제는 너무 오랜 역사가 되어버린, 바이에른에서 발롱도르를 손에 쥔 선수들을 정리했다.

Gerd Müller

게르트 뮐러

1970 멕시코 월드컵에서 뮐러는 정상에 우뚝 섰다. 대회 10골을 넣으며 득점왕을 차지했다. 또한
1969-70 시즌 분데스리가에서 38골을 터뜨리며 역시 리그 득점왕에 올랐다. 자국 리그뿐만 아닌 세

Franz Beckenbauer

프란츠 베켄바워

1972 '리베로' 베켄바워는 바이에른과 함께 분데스리가 정상에 섰다. 바이에른은 34경기서 겨우 38실점을 기록했다. 그해 서독 대표팀은 1972년 열린 유로 결승전에서 소련을 3-0으로 무찌르며 우승했다. 캡틴 베켄바워의 공이 컸다. **1976** 4년 만에 다시 발롱도르를 수상했다. 분데스리가 3위, DFB 포칼 2위에 그쳤지만 유러피언컵에서 우승을 거뒀다. 이는 바이에른의 유러피언컵 3연패였다. 서독 대표팀과 유로에 나가 준우승의 영예도 안았다. 두 번째 발롱도르와 함께 베켄바워는 독일을 떠나 미국으로 향했다.

Karl-Heinz Rummenigge

칼-하인츠 루메니게

1980 1979-80 시즌 바이에른은 6년 만에 마이스터샬레를 들어 올렸다. 중심엔 루메니게가 있었다. 그가 26골을 터뜨렸다. 그해 루메니게는 독일 대표팀과 함께 유로에서 우승까지 거뒀다. 독일 올해의 선수상을 수상했고, 발롱도르까지 손에 쥐었다. **1981** 루메니게의 득점력을 등에 업은 바이에른은 두 시즌 연속 우승을 차지했다. 루메니게는 리그 29골, 공식전 39골로 득점왕에 올랐다. 그해 독일 대표팀에서 11경기를 뛰고 9골을 넣으며 개인 커리어 최고 기록도 썼다.

기록의 사나이,
게르트 뮐러를 뛰어넘다

레반도프스키라 쓰고 기록의 사나이라 읽는다.
해가 거듭할수록 그가 세우는 기록은 점점 더 많아졌다.
기네스북에 이름을 올렸고, 득점왕도 했고, 트레블도 달성했다.
UEFA와 FIFA 최고의 선수까지 됐는데 더 뭐가 있냐고?
분데스리가의 공격수라면 한 번쯤 꿈꿨을, 역대 최고 득점왕이다.
1971-72시즌 게르트 뮐러가 40골로 늘 최정상의 자리를
지켰다. 분데스리가의 어떤 내로라하는 공격수도 감히
한 시즌 40골은 넘볼 수 없었다. 무엇보다 분데스리가는
34경기가 전부이기 때문에 더 어려운 기록이었다.
이걸 레반도프스키가 해냈다. 분데스리가 일곱 번째
시즌에 말이다.
레반도프스키는 진작부터 기록 경신의 기대를 받았다.
2019-20시즌, 개막 이후 11경기 연속 골을 넣으면서다.
무려 16골을 넣었다. 뮐러가 40골을 기록했던 시즌에 그는
개막 후 11경에서 6골밖에 넣지 못했다. 레반도프스키의
득점 행보가 이대로 유지된다면 40골 고지를 넘는 건 가뿐해
보였다. 시즌 초부터 쏟아지는 관심에 레반도프스키는 손사래를
쳤다. "아직 너무 이르다. 내가 언젠가 35골 정도 넣었을 때

다시 얘기해보자."

너무 많은 기대로 인한 부담감 때문일까. 아쉽게도
여섯 경기서 무득점을 하고, 두 경기를 발목 수술로
결장하고, 경고 누적으로 또 한 경기에 결장하며
34골에 그쳐야(?) 했다.

여기서 도전을 끝낼 레반도프스키가 아니다.
2020-21시즌에도 놀라운 득점력을 유지했다.
26라운드만에 35골을 넣었다. 남은 라운드는 8개.
발끝이 잔뜩 달아오른 레반도프스키에게 남은 시간에
다섯 골을 넣는 건 아주 쉬워 보였다. '꽃길'이 열린 것
같은데, 레반도프스키가 근육 피로로 쓰러졌다.

무려 네 경기에서 연속으로 결장했다. 복귀 후 남은 경기는
딱 네 개. 4경기 안에 다섯 골 이상을 넣어야 역사를 쓸 수
있다. 이번에는 부담감을 잘 이겨냈다.

레반도프스키는 복귀 후 첫 경기 31라운드서 침착하게
골을 넣고, 32라운드에선 해트트릭까지 터뜨렸다.
33라운드 프라이부르크 원정에서도 선제골을 터뜨리며
마침내 뮐러의 40골과 타이를 이뤄냈다. 이제 남은 경기는
하나. 아우크스부르크를 홈 알리안츠 아레나에서 상대한다.

경기 초반부터 바이에른 공격진은 계속해서
레반도프스키에게 득점 기회를 몰아줬다.
아우크스부르크의 수비진이 레반도프스키를 너무 꽁꽁

레반도프스키가 세컨볼을 놓치고 않고 잡아 오른발로
깔끔하게 넣었다. 정확히 후반 44분 8초였다.
레반도프스키는 상의를 벗어 던지며 환호했다.
동료들도 두 팔을 펄쩍 들고 그에게 달려가 기록 경신을
축하했다. 반대편 골대에 있던 마누엘 노이어까지 순식간에
달려와 함께 기뻐했다. 벤치에 있던 플리크 감독과
하산 살리하미지치 이사도 아낌없이 박수를 보냈다.
분데스리가에 새 역사가 쓰이는 순간이었다.
레반도프스키는 자신이 약 50년 만에 새 기록을 썼다는 것에
큰 자부심을 느꼈다. 그는 축구 전문 매거진 「키커」를 통해
이렇게 말했다. "지난 50년 동안 최고 기록은 40골이었다.
게르트 뮐러의 업적이 얼마나 위대한 것인지 그 오랜 시간
증명됐다. 그 당시 그에게 매우 어려운 일이었을 거다.
내게 기록 경신은 커다란 도전이었다. 이런 기록은 선수로서
쉽게 상상할 수조차 없다."
레반도프스키의 41골은 해당 시즌 유럽 축구에서도
최고였다. 이듬해 유럽 축구 최다득점자에게 수여하는
유러피언 골든슈를 손에 쥐었다. 1971-72시즌 뮐러가
수상한 이후 처음으로 분데스리가에서 수상자가 나왔다.
그야말로 경경사다. 레반도프스키는 "내게 아주 의미가
큰 상이다. 매년 한 선수가 이 상을 받는다.
분데스리가에서는 50년이나 기다려야 했다. 그렇기에
의미가 크다"라고 수상 소감을 전했다.
바이에른과 독일 국가대표팀에서 뮐러와 함께 뛰었던
파울 브라이트너는 그런 레반도프스키를 두고 이렇게
평가했다. "나는 로베르트가 게르트의 40골 기록을
깰 거라고 이미 확신하고 있었다. 나는 게르트와 50년 동안
알고 지냈다. 그의 골에 대한 끝없는 욕구를 로베르트가
갖고 있다. 매 경기 최소 1골은 넣겠다는 의지가 특히
비슷하다. 그가 향후 3년 동안 큰 부상 없이 바이에른에서
꾸준히 뛴다면, 뮐러의 통산 득점 365골 기록도 깰 수
있을 것이다."
레반도프스키는 아직 뛸 날이 많다. 불과 1년 전 그는
"나는 이제 막 26, 27세가 된 느낌이다"라고 말했다.
여전히 쌩쌩하고, 2021-22시즌에도 골을 척척 넣고 있다.
365골까지는 100골도 채 남지 않았다. 브라이트너의 말대로
또 다른 신기록을 세울지도 모를 일이다.

묶은 탓에, 엉뚱한 선수들이 골을 넣었다. 세르쥬 그나브리는
본인이 골을 넣고도 레반도프스키의 눈치를 보며 좌중의
웃음을 자아내기도 했다. 전반전에 바이에른이 네 골을
넣었는데, 그중 레반도프스키의 골은 없는 '웃픈' 상황이
벌어졌다. 보통 승기를 잡은 경기에선 주전 선수를 빼고,
경험이 적거나 어린 선수들을 투입하기 마련인데
한스-디터 플리크 감독 역시 기록을 의식한 듯
레반도프스키를 끝까지 뛰게 했다.
후반전이 거의 다 흘렀다. 이제 경기 종료까지 1분이 남았다.
그렇게 끝나는 줄 알았는데, 르로이 사네가 야심 차게 찬
슛이 골키퍼에 맞고 나와버렸다. 호시탐탐 골을 노리던

레반도프스키는 어떤 기록을 세웠을까

2013. 4. 24

레알에 4골 넣고 UCL 결승 진출

레반도프스키가 세상에 자신의 이름을 알린 날이다. 2012-13시즌,
UCL 4강에서 레알을 만나 네 골을 퍼부었다. 그의 네 골 덕분에
도르트문트는 UCL 결승으로 향했다.

2015. 9. 22

볼프스부르크전 9분 5골

2015-16 분데스리가 6라운드. 바이에른이 0-1로 볼프스부르크에
지고 있었다. 후반전에 투입된 레반도프스키가 9분 만에 5골을 몰아치며
대역전승을 거뒀다. 그는 4개 부문에서 기네스북에 이름을 올렸다.

2016. 5. 14

디터 뮐러 이후 첫 30골

1976-77시즌 디터 뮐러가 34골을 넣은 이후 첫 30골 이상을 기록한
선수가 됐다. 동시에 분데스리가 단일 시즌 외국인 최다 득점까지 기록했다.

2016. 8. 26

한 클럽에서 최단기간 50골

2016-17 개막전에서 레반도프스키는 해트트릭을 터뜨렸다. 바이에른
공식전 64경기 만에 자신의 50번째 골을 넣었다. 분데스리가 역사상
한 팀에서 이렇게 빨리 50골을 넣은 선수는 없었다.

2019. 11. 9

리그 최초 개막 11경기 연속골

레반도프스키는 2019-20시즌 개막 후 첫 11라운드 연속 골을 넣은
최초의 선수가 됐다. 기존 최고 기록은 피에르-에미릭 오바메양의
8경기 연속 득점이었다.

2019. 11. 26

UCL 최초 14분 만에 4골

같은 시즌 UCL에서도 일을 냈다. 5차전 츠르베나 즈베즈다전에서
14분 만에 네 골을 터뜨렸다. 이는 UCL 역사상 최초다.
그의 득점에 힘입어 바이에른은 6-0 대승을 거뒀다.

2021. 5. 22

41골로 역대 한 시즌 리그 최다 득점

전설 게르트 뮐러의 기록을 깼다. 단일 시즌 최다 득점인 40골을 넘어,
레반도프스키는 41골 고지를 달성했다. 분데스리가에 새 역사가 쓰였다.

BUNDESLIGA

— 분데스리가 역대 단일 시즌 득점왕 TOP10 —

로베르트 레반도프스키 바이에른 뮌헨	**41**	2020-21
게르트 뮐러 바이에른 뮌헨	**40**	1971-72
게르트 뮐러 바이에른 뮌헨	**38**	1969-70
게르트 뮐러 바이에른 뮌헨	**36**	1972-73
디터 뮐러 FC쾰른	**34**	1976-77
로베르트 레반도프스키 바이에른 뮌헨	**34**	2019-20
로타어 에머리히 도르트문트	**31**	1965-66
피에르-에메릭 오바메양 도르트문트	**31**	2016-17
우베 젤러 함부르크	**30**	1963-64
게르트 뮐러 바이에른 뮌헨	**30**	1968-69

—— 바이에른뮌헨 역대 최다득점 기록 ——

1964-79 **563** 게르트 뮐러

LEAGUE 398 CUP 78 EUROPE 65 OTHER 22

2014- **316** 레반도프스키

L 215 C 29 E 64 O 8

2008- **218** 토마스 뮐러

L 131 C 33 E 49 O 5

1974-84 **217** 루메니게

L 162 C 25 E 30

1961-70 **215** 올하우저

L 186 C 16 E 5 O 8

1984-93 **155** 볼파르트

L 119 C 18 E 18

1979-87 **145** 회네스

L 102 C 17 E 26

2009-19 **144** 로번

L 99 C 16 E 26 O 3

1997-2003 **139** 에우베르

L 92 C 16 E 23 O 8

1962-71 **132** 브레닝거

L 111 C 7 E 7 O 7

UEFA 챔피언스리그 득점 TOP 3

139
180 경기 / 경기당 **0.77**골
호날두

123
152 경기 / 경기당 **0.81**골
메시

81
100 경기 / 경기당 **0.81**골
레반도프스키

ROBERT LEWANDOWSKI
R E C O R D S

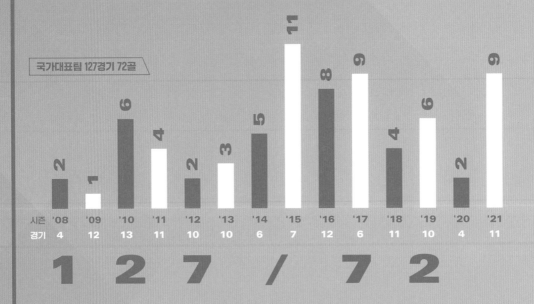

국가대표팀 127경기 72골

시즌	'08	'09	'10	'11	'12	'13	'14	'15	'16	'17	'18	'19	'20	'21
골	2	1	6	4	2	3	5	11	8	9	4	6	2	9
경기	4	12	13	11	10	10	6	7	12	6	11	10	4	11

127 / 72

프로 리그 통산 418경기 320골 (경기당 0.76골)

 레흐포즈난 POLAND **58** GAME **32** GOAL

 보루시아도르트문트 GERMANY **131** GAME **74** GOAL

 바이에른뮌헨 GERMANY **229** GAME **214** GOAL

418 / 320

분데스리가 득점왕 5회, 유러피언 골든슈 1회, 챔피언스리그 득점왕 1회

5
BUNDESLIGA
2015~2021

1
GOLDEN SHOE
2020-21

1
UEFA CHAMPIONS
2019-20

레반도프스키 커리어 HIGH & LOW

레반도프스키는 어떻게 세계 최고의 공격수가 됐을까? 철저한 자기관리, 뛰어난 득점력, 최고의 팀...
여러 이유가 있다. 빼놓을 수 없는 이유는 바로 '기복'이다. 레반도프스키에게는 기복이 없다.
분데스리가 이적 후 첫 시즌을 제외하고 그는 계속 두 자릿수 득점력을 자랑했다.
점점 발끝에 물이 오르더니 서른둘에 리그 41골로 개인 커리어 최고 기록까지 찍었다.
계속 상향곡선만 그리는 레반도프스키의 커리어에서 최저점과 최고점을 비교해보자.

———————— 2010-2011 ———————— 2020-2021 ————————

Borussia Dortmund

41	09	04
GAME	GOAL	ASSIST

Bayern München

36	46	07
GAME	GOAL	ASSIST

33경기 8골 3도움	·········· 분데스리가 ··········	29경기 41골 7도움
6경기 1골 1도움	··· UEFA 유로파리그 / UEFA 챔피언스리그 ···	6경기 5골
2경기	·········· DFB-포칼 ··········	1경기

레반도프스키는
뮐러가 아니잖아

바이에른은 분데스리가 역사상 최고의 공격수로 기억될 레반도프스키를 가졌다. 팬들은 이 아름다운 도시 뮌헨에서 그런 선수의 플레이를 볼 수 있어 행복하다. 그들에게 현재 최고의 선수가 누구냐고 물으면? 아마 선뜻 레반도프스키라고 대답하는 뮌헨너는 드물 거다.

뮌헨은 바이에른의 주도다. 크기 310,40㎢로 바이에른주에서 가장 크다. 독일에서도 세 번째로 큰 도시다. 이곳에 사는 뮌헨너Münchner(뮌헨 시민)들은 자부심이 대단하다. 독일의 경제력은 뮌헨이 쥐고 있다고 해도 과언이 아닐 정도로 부유한 도시이고, 알프스 북부와 가까워 아름다운 경관을 자랑한다. 세계 최대의 맥주 축제인 옥토버페스트가 열리는 곳이자 칙칙한 날씨의 대명사인 독일에서 유일하게 해를 반짝이는 지역이다.

또한, 바이리쉬Bayerisch(바이에른 지방 사투리)라는 '고유의 언어'도 갖고 있다. 바이에른 뮌헨의 상징인 'Mia San Mia' 역시 '우리는 우리다'라는 뜻의 바이리쉬다. 그만큼 고유의 언어에 대한 애정이 크다. 그래서 지나가는 뮌헨너를 붙잡고 "너 어디에서 왔어?"라고 물으면 십중팔구 "나 바이에른에서 왔어"라고 답한다. 독일이 아니라.

바이에른주와 독일의 타 지역을 구분 짓는 그들은 다소 보수적이고, 갇혀있는 성향을 띈다. 바이에른 사람들은 고집이 세다는 말이 괜히 있는 게 아니다. 바이에른뮌헨이 그런 그들의 성향을 더욱 강하게 만든다. 독일을 넘어 세계 최고의 팀으로 뻗어 나가는 지역팀이 있으니 두려울 게 없다. 어디를 가나 어깨를 으쓱거리고, 더욱 자신 있게 '나 바이에른 출신이야'라고 말할 수 있다.

그런 팀에 바이에른 출신의 선수가 있다면? 두말할 필요 없이 가장 예쁨 받는 선수가 된다. 대표적으로 토마스 뮐러가 있다. 바이리쉬를 능숙하게 구사하는 뮐러는 바이에른 팬들의 '최애'다. 심지어 원클럽맨이니 말 다 했다. 2020-21시즌에 합류한 율리안 나겔스만 감독 역시 바이에른인이다. 클럽 역사상 첫 고향 출신 감독으로 단숨에 뮌헨너들의 사랑을 받기 시작했다. 기본 점수는 먹고 들어간 셈.

그런 그들에게 레반도프스키를 물으면? 바이에른에서 매 시즌 득점 최소 3분의

1을 책임지고, 바이에른을 트레블로 이끄는 데 공헌하고, '전설' 게르트 뮐러의 단일 시즌 최다 득점 기록까지 경신한 공격수는 어떤 평가를 받을까. 그는 이곳에서 'LewanGOALski'라 불린다. 골을 잘 넣어 이런 별명이 붙었다. 당연히 레전드 반열에 오를 자격도 있다. 분데스리가 역대 단일 시즌 최다 득점자이니 말이다.

현재 바이에른 최고의 선수라고 정의한다면 어떨까. 여기서 바이에른의 골수팬 대부분은 이렇게 반응한다. 글쎄, 골을 잘 넣지만 레반도프스키는 뮐러가 아니잖아. 아무리 골을 잘 넣어도 '홈그로운' 선수보다 뛰어날 수는 없다는 뜻이다. 레반도프스키는 뮌헨에서 그런 존재다. 골 잘 넣는 외국인 공격수에 지나지 않는다. 레반도프스키가 바이에른 선수로서 가진 유일한 약점이기도 하다. 그가 폴란드 출신인 것. '시대가 어느 때인데!'라며 조금 가혹하게 들릴 수도 있겠지만, 뮌헨은 그런 곳이다.

카를로 안첼로티 전 감독이 값비싼 스타 하메스 로드리게스를 선발에 세우고 뮐러를 벤치에 앉히자마자 팬들의 거센 항의가 쏟아지는 곳. 니코 코바치 전 감독이 훈련장에서 크로아티아어를 사용한 게 밝혀지며 단숨에 미움을 사는 곳. 이런 곳에서는 외국인 공격수가 최소 30골씩은 넣어줘야 향후 레전드 칭호를 받을 수 있다. 특히 9번 공격수는 바이에른의 최전방을 책임지는 '얼굴'이기도 하니 잣대가 더욱 가혹하다.

레반도프스키는 얼마 전 바이에른 잔류를 선언했다. 새로운 도전을 원한다던 그가 돌연 마음을 바꿨다. 그가 프리미어리그로 떠났다면, 아마 바이에른 팬들은 금세 차갑게 등을 돌렸을 거다. 그런 분위기를 누구보다 레반도프스키가 모를 리 없다. 그가 바이에른에 남아 더 발전하는 모습을 보여주겠다고 밝힌 것도 그런 팬들을 의식한 발언이 아니었을까. 이룰 것 다 이룬 레반도프스키에게 남은 과제는 어쩌면 향후 골 잘 넣는 외국인 공격수가 아닌 '선수'로 기억되는 일일 것이다.

내 생각에 레비는 현재 크리스티아누 호날두와 리오넬 메시보다 뛰어나다.

칼 하인츠 루메니게
바이에른뮌헨 회장, 2021년 5월

그는 이러고 걸 시도하지 않는다.
레반도프스키는 골을 아름답게 넣는 데 의미를 두지 않는다.
그저 골을 넣길 원한다. 그게 칩샷이든 헤딩이든, 상황에 맞는 슈팅을 날린다.
그는 치명적인 스트라이커다. 그래서 레비를 좋아한다.

로이 마카이
전 바이에른뮌헨 공격수

우리는 레반도프스키를 레반골스키라고 부른다.

알폰소 데이비스
바이에른뮌헨 동료

먼저 내 생각부터 말하자면, 레비는 세계 최고 스트라이커다.

펩 과르디올라
맨체스터시티 감독, 2021년 8월 레반도프스키 이적설을 일축하면서 한 말

기술적으로 훌륭하고 냉철한 머리까지 지녔다.
레비가 골을 넣는 방식은 경이롭다.
내 기준으로 보면, 레비는 현재 전 세계에서 가장 완벽한 스트라이커다.

일카이 귄도안
맨체스터시티 미드필더, 전 보루시아도르트문트 동료

로베르트 레반도프스키를 원했다.
그게 어렵다는 걸 알았을 때, 대신 곤살로 이과인을 영입하려고 했다.

루이 판 할
네덜란드 감독, 맨체스터유나이티드 부임 당시 영입하지 못한 선수를 언급하며

PRAISES
FOR
ROBERT

레반도프스키를 향한 말들

최고의 선수를 꼽을 때,
레비가 아닌 다른 선수를 말하는 건 공정하지 못한 일이다.
잠재력을 어떻게 끌어올렸고, 지금과 같은 최고 선수가 되려고
자신을 얼마나 밀어붙였는지 잘 안다.
정말 특별하다.

위르겐 클롭
리버풀 감독, 함께한 베스트 플레이어를 꼽아 달라는 질문에 관한 답

레반도프스키에 대해선 말이 필요없다.
공격수가 4골을 넣을 수는 있다.
하지만 레알마드리드 상대로 4골은 그렇지 않다.

알렉스 퍼거슨
전 맨체스터유나이티드 감독.

PRAISES
FOR
ROBERT

한 번은 레비가 자신의 아버지가 분데스리가 애청자였으며
자신에게 '에우베르의 플레이를 따라해야 한다'라고 조언했다는
사실을 말해줬다. 그래서 나는 레비에게 이런 말을 했다.
"너는 나와 같지 않아. 나보다 낫다고!"

지오바니 에우베르
전 바이에른뮌헨 공격수, 분데스리가 133골 기록

세계 최고의 9번 스트라이커는 레반도프스키다.
온 몸을 사용해 골을 넣으며 어시스트도 기록한다.
그는 게임에 대한 완벽한 이해를 보여준다.

로타어 마테우스
전 바이에른뮌헨 수비수

레반도프스키를 향한 말들

레반도프스키가 말하는 레반도프스키

도르트문트 첫 시즌에 나는 벤치에서 출발할 때가 많았고,
스트라이커 뒤에 서는 10번(세컨드 스트라이커) 포지션에서 뛰었다.
내가 가장 좋아하는 포지션은 스트라이커다.
하지만 그 6개월 동안 바로 옆,
바로 뒤에서 스트라이커가 어떻게 움직여야 하는지 배웠다.

-

도르트문트는 내가 영원히 사랑할 엄청난 구단이다.
하지만, 나는 새로운 도전이 필요했다.

-

바이에른뮌헨이 내가 발전할 수 있는 최고의 팀이 라는 확신이 들었다.
바이에른은 매주 승리하고,
매 시즌 우승하는 팀이다.
그런 팀을 위해 나는 골을 넣고 싶다.

-

지난 50년간 분데스리가 최고 득점 기록은 시즌 40골이었다.
게르트 뮐러의 업적이 얼마나 위대한 것인지 그 오랜 시간 증명됐다.
그 당시 그에게 매우 어려운 일이었을 거다.
내게 기록 경신은 커다란 도전이었다.
이런 기록은 선수로서 쉽게 상상할 수조차 없다.

-

발롱도르 시상식 취소를 이해한다.
하지만 솔직히 말해, 너무 섣부른 결정이 아니었나 싶다.
바이에른은 모든 대회에서 우승했다.
좋은 경기를 펼쳤고, 골도 많이 넣었다.
우리는 최고의 팀이었다.
발롱도르 수상을 두고 경쟁했다면,
아마 같은 팀 동료와 하지 않았을까.

-

나는 시대의 흐름에 발맞춰,
계속해서 가장 현대적인 공격수가 되고 싶다.
그게 나의 목표다.

ROBERT
ON
ROBERT

Football

축구 영역

QUIZ

▼

① 레반도프스키는 도르트문트에 최고의 이적료를 안기며 바이에른뮌헨으로 이적했다. [   ]

② 레반도프스키는 레흐포즈난 시절 2009-10시즌 우승을 도왔다. [   ]

③ 레반도프스키는 2019-20시즌 개막 후 첫 12경기에서 모두 골을 넣었다. [   ]

④ 레반도프스키는 도르트문트 이적 직전 프리미어리그 클럽으로부터 제안을 받았다. [   ]

⑤ 레알마드리드는 도르트문트 시절부터 레반도프스키를 원했다.
하지만 주제 무리뉴 당시 감독까지 나서진 않았다. [   ]

⑥ 2020-21시즌, 레반도프스키는 34라운드 아우크스부르크 원정경기에서
41번째 골을 넣으며 게르트 뮐러의 기록을 넘어섰다. [   ]

⑦ 레반도프스키가 골을 넣고 두 주먹을 맞대는 셀러브레이션은 딸을 위한 것이다. [   ]

⑧ 레반도프스키는 2007년부터 폴란드 국가대표팀에서 뛰었다. [   ]

⑨ 2020-21시즌, 레반도프스키는 34라운드 아우크스부르크 원정경기에서
41번째 골을 넣으며 게르트 뮐러의 기록을 넘어섰다. [   ]

⑩ 레반도프스키는 2018년 2월 22일 그의 오랜 에이전트 체자리 쿠차리스키를 해고했다. [   ]

⑪ 레반도프스키는 2014년 9월 8일 UEFA 유로 2016 최종예선에서
지브롤터를 상대로 첫 국가대표 해트트릭을 터뜨렸다. [   ]

OX QUIZ로 알아보는 레반도프스키!!

INTRO

레반도프스키의 진정한 팬이라 자부하는 이들을 위해 준비했다.
레반도프스키 OX 퀴즈다. 총 22개 문항이 '축구 영역'과 '생활 영역'으로 나뉘어 출제되었다.
눈 감고도 풀 수 있는 쉬운 문제부터 한참 고민해야 하는 까다로운 문제까지 골고루 구성했다.
난이도에 따라 문항마다 배점이 다르며,
최종 점수를 통해 레반도프스키 '찐팬' 레벨을 확인할 수 있다.
당신의 점수는 몇 점인가요?

POINT
▼

X	레반도프스키는 자유계약 신분으로 바이에른뮌헨으로 향했다.	**3**
O	2009-10시즌 에크스트라클라사 우승을 도운 후 2010년 도르트문트로 향했다.	**3**
X	2019-20시즌 개막 후 첫 11경기에서 모두 골을 넣으며 당시 신기록을 썼다.	**4**
O	블랙번이 그를 원했지만 레반도프스키의 도르트문트행 의지는 확고했다.	**4**
X	도르트문트와 마드리드의 챔피언스리그 맞대결 이전에 무리뉴는 이미 레반도프스키에게 개인적으로 연락해 영입 의사를 전했다.	**6**
X	레반도프스키가 41번째 골을 넣은 경기는 홈구장 알리안츠 아레나에서 열렸다.	**4**
O	그는 인터뷰를 통해 이 포즈는 딸을 위해 만들었다고 밝혔다. 자세한 의미는 알려지지 않았다.	**6**
X	2007년 레반도프스키는 폴란드 U-19 대표팀에서 뛰었다. 2008년 9월 10일 성인 대표팀에서 데뷔전을 치렀다.	**4**
X	레반도프스키는 도르트문트와의 포칼 4강전에서 부상을 입었다.	**4**
O	2018년 2월 22일, 레반도프스키는 쿠차리스키를 해고하고 피니 자하비와 손을 잡았다.	**5**
X	레반도프스키의 첫 해트트릭은 2014년 9월 7일에 나왔다. 폴란드는 7-0 대승을 거뒀다.	**5**

Life

생활 영역

QUIZ

⑫   레반도프스키는 천천히 걷는 산책을 좋아한다.   [   ]

⑬   레반도프스키는 독일로 떠나올 때 이미 영어를 마스터해 의사소통에 큰 문제가 없었다.   [   ]

⑭   레반도프스키는 담배를 피워본 적이 있다.   [   ]

⑮   레반도프스키의 아버지는 왕년에 축구선수였다.   [   ]

⑯   레반도프스키는 전채음식, 본식, 후식 순서를 따르지 않고 식사를 한다.   [   ]

⑰   레반도프스키는 평소 밤 11시에는 잠에 들기 위해 노력한다.   [   ]

⑱   독일에 도착한 후 레반도프스키는 어학원에서 독일어 공부를 했다.   [   ]

⑲   아내 안나는 다른 선수들의 영양 코치도 병행한다.   [   ]

⑳   레반도프스키는 축구 게임을 할 때 자기 캐릭터보다 동료들을 키우는 걸 좋아한다.   [   ]

㉑   레반도프스키는 자신의 기사를 즐겨 읽는다.   [   ]

㉒   레반도프스키는 어린 시절 받은 용돈을 모아 스스로 축구화를 샀다.   [   ]

OX QUIZ로 알아보는 레반도프스키!!

00 ~ 10	팬 아니죠?! 레반도프스키가 속상하겠네요
11 ~ 30	어디 가서 레반도프스키 이름은 들어봤다고 말해도 될 정도
31 ~ 50	책 열심히 읽으셨군요? 조금만 더 분발합시다
51 ~ 70	나 레반도프스키 좀 안다! 어디 가서 자랑하셔도 됩니다
71 ~ 90	이 정도면 찐팬 인정
91 ~	레반도프스키, 본인이세요? 한국어 공부 좀 하셨군요

POINT

▼

X	레반도프스키는 쉬는 날 집에서 쉬는 걸 선호한다. 기분전환을 위해 밖으로 나갈 경우 천천히 산책하는 것보다는 가볍게 달리는 것을 좋아한다.	6
X	폴란드를 떠나 독일로 향할 때 그의 영어는 기초 수준이었다.	5
O	호기심에 딱 한 번 시도해본 적이 있다.	5
X	아버지 크르쉬스토프 레반도프스키는 유도 챔피언이었다.	3
O	후식을 먼저 먹는다. 간기능이 더 활성화되기 때문이다.	6
O	늘 11시에 자기 위해 애쓴다. 쉬는 날에는 특별히 12시~1시쯤 자기도 한다.	4
X	레반도프스키는 첫 한 달만 지인과 함께 과외를 받았다. 이후에는 시간 약속을 잡는 게 힘들어져 독학을 했다.	3
X	레반도프스키의 반대로 안나는 다른 선수들의 영양 코칭은 하지 않는다.	6
O	레반도프스키는 다른 선수들을 선택해서 경기하고, 성장시키는 걸 좋아한다고 밝혔다.	5
X	레반도프스키는 자신에 대한 기사를 최대한 접하지 않으려 노력한다. '레반도프스키'에 대한 정확한 뉴스는 최고의 전문가인 자기 자신이기 잘 알고 있기 때문이다.	5
X	용돈을 모았지만 턱없이 부족해 부모님이 몰래 돈을 더해 사주셨다. 당시 레반도프스키는 자기가 스스로 산 줄 알고 부듯해했다고 한다.	5

EPILOGUE

The Way of Love

로베르트 레반도프스키는 친근하면서도 비현실적이다.
너무나 미약했던 시작부터 30대 중반에도 발전하는 지금까지.
무엇보다 레알마드리드를 상대로 챔피언스리그 준결승전에서
4골을 넣을 수 있는 선수를 우리가 사는 동안 다시
볼 수 있을까? 주제 무리뉴 감독과 선수들은 알고도
그를 막지 못했다.
2020-21시즌은 로베르트에게도 특별했다.
절대로 깨지지 않을 것 같았던 고 게르트 뮐러의 한 시즌
분데스리가 최다골40골을 경신했다. 29경기만 뛰고도 41골을
터뜨리면서 역사를 썼다. 2019-20시즌에 분데스리가와
DFB-포칼 그리고 유럽축구연맹UEFA 챔피언스리그 득점왕을
차지하는 '득점왕 트레블'을 이룬 뒤 다시 한 계단
올라선 것이다.
더 놀라운 것은 로베르트가 2021년에도 여전히
도전을 바란다는 것이다. 그는 이미 만 35세가 되기 전에
새로운 도전을 하겠다는 뜻을 밝혔다. 분데스리가를 평정하고
유럽 최고 스트라이커로 군림하면서도 다음 단계를 바라본다.
맨체스터시티 이적설이 흘러나왔을 때 펩 과르디올라 감독은
그가 이적할 리 없다면서도 "세계 최고 스트라이커"
라는 점은 언급했다.

"폴란드에서 태어난 아이들은 자신이 세계 최고가 되리라
생각하지 않는다."

로베르트는 조용하게 모든 편견과 익숙함을 깨면서
이 자리까지 왔다. 그의 마음 깊숙한 곳에는 따뜻함이
자리 잡고 있다. 로베르트가 큰 슬럼프를 겪지 않았던 이유도
여기서 오는 거라고 생각한다. 그는 천재적인 재능을 지닌
아이도 아니었고, 부유한 배경 덕에 계속해서 기회를
얻은 이도 아니었다.
소년은 누구보다 자신을 믿는 아버지가 운전하는 차를 타고
매일 두 시간씩 달리며 집과 훈련장을 오가며 축구를 시작했다.
아들이 프로팀에 가서 형편이 나아지길 바란 게 아니었다.
그저 아들이 좋아하는 걸 도와주려 했던 것이다.

너무 작고 말라서 테스트 기회조차 받지 못했던 아이는
아버지와 어머니의 믿음 속에서 조금씩이지만 꾸준히 자랐다.
로베르트는 이 기억을 가지고 여전히 전진한다.
머리 속으로는 아버지와 함께한 시간을 그리면서도
눈으로는 앞만 본다. 아버지가 축구를 시작할 때 알려준
아주 기본적이지만 중요한 덕목 때문이다. 그는 "아버지는
내 발에 공을 던져준 한 사람이며, 내가 왜 축구를 하는지
알려준 사람"이라고 표현했다.

"트로피를 위해서도 아니며, 돈을 위해서도 아니고,
영광을 위한 것도 아니다."

"모두 아니다. 축구를 사랑하기 때문이다."

Robert
Lewandowski

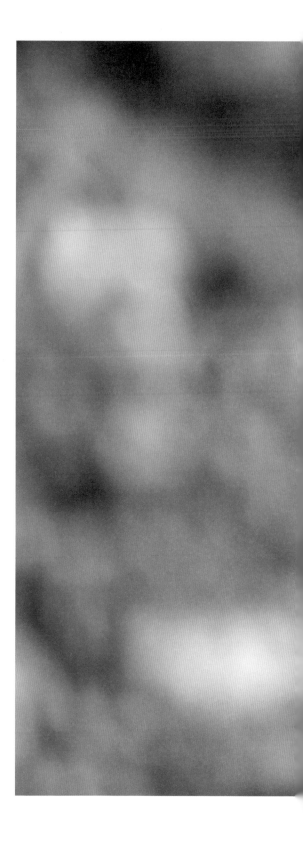

1ST PUBLISHED DATE 2021. 11. 19

AUTHOR Sunsoo Editors, Ryu Chung, Jung Jaeeun
PUBLISHER Hong Jungwoo
PUBLISHING Brainstore

EDITOR Kim Daniel, Cha Jongmoon, Park Hyerim
DESIGNER Champloo, Lee Yeseul
MARKETER Baek Jiyoung
E-MAIL brainstore@chol.com
BLOG https://blog.naver.com/brain_store
FACEBOOK http://www.facebook.com/brainstorebooks
INSTAGRAM https://instagram.com/brainstore_publishing

ISBN 979-11-88073-82-5 (03690)

ROBERT LEWANDOWSKI